KB071430

온택트 시대  Adolescent Cyber Counseling

청소년 사이버상담의 이해와 실제

양미진 · 조은희 · 권지영 · 정진영 · 홍혜옥 · 한지예 · 이래현 공저

학지사

🍚 머리말

청소년의 경우 그들의 발달특성과 환경적 특성으로 인해 스트레스와 위기 상황에 노출되기 쉽다. 대인관계, 학업 및 진로, 학업중단, 게임중독, 가족문제 이외에도 학교폭력과 성폭력을 포함한 다양한 폭력 문제, 자살, 자해, 우울, 불안 등 정신건강 문제까지 발생하는 경우가 있다. 이러한 문제들은 되도록 빨리 발견하여 개입하지 않으면 더욱 심각한 문제와 상황으로 전개되기 때문에 많은 관심과 실제적 도움이 필요하다.

사이버상담은 문제해결을 위해 대면상담실을 찾기 어려운 이용자들을 고려하여 직접상담의 형태인 채팅상담과 게시판상담을 중심으로 이루어진다. 최근에는 ICT기술의 발달과 환경변화로 다양한 온라인 콘텐츠가 개발되고 이용자가 콘텐츠를 사용하여 스스로 치유할 수 있는 셀프케어프로그램이나 간접상담 비중도 높아지고 있다. 또한 찾아오는 이용자뿐 아니라 상담자들이 청소년 이용자의 위기상황을 조기 발견하기 위한 사이버아웃리치 활동도 이루어지고 있다.

이 책은 청소년의 문제해결을 위해 상담하고 있는 상담자와 사이버상담에 관심 있고, 실제 현장에서 사이버상담을 하고자 하는 사람들을 위해 집필하였다. 상담의 가장 기본이 되는 형태는 대면상담이다. 안전하고 신뢰로운 상담환경에서 상담자와 언어적 · 비언어적 소통을 통한 상담관계는 가장 치유적인 형태이며 선호되는 상담 방식이다. 그러나 상담실 방문이 어렵고 실제 자신의 문제에 대한 인식 정도가 낮은 경우 상담에 대한 비자발적 특성을 지닐 수밖에 없다. 사이버상담은 대면상담과 달리 시공간의 제약이 없어 접근성이 뛰어나며 스스로 필요에 의해 상담을 하기 때문에 상담에 대한 동기 또한 높다. 특히 청소년의 경우 사이버상담의 편의성과 용이성으로 인해 어느 연령대보다 이용률이 높다. 실제로 여성가족부와 한국청소년상담복지개발원에서 운영하는 '청소년사이버상담센터'에서는 매년 35만 명 이상의 청소년이 상담서비스를 받고 있으며, 직접 상담서비스를 받지 않더라도 사이버상담 콘텐츠를 이용하는 사람은 연간 300만 명 이상이다.

이러한 이용자는 매년 증가하고 있으며 2019년 하반기 이후 코로나19로 인한 팬데믹 상황은 비대면 활동에 대한 관심 증가와 함께 사이버상담의 수요를 더욱 높이고 있다. 이 외에 인공지능, AR, 메타버스 등 발전하는 ICT기술은 사이버콘텐츠를 보다 흥미롭게 개선하였고 이는 청소년들의 사이버상담에의 선호도와 이용률의 증가를 가져왔다. 이용자 증가와 검증된 상담효과로 사이버상담의 요구는 증가하고 있으나 안타깝게도 상담자들은 사이버상담을 하는 데 주저하며 어려움을 겪고 있다. 대면상담과 차이가 있는 사이버상담에 대한 두려움이 사이버상담을 더 많은 서비스를 제공할 수 있는 장으로 만드는 데 장애가 되고 있다. 물론 사이버상담은 일반 대면상담과는 차이가 있으며, 상담이 이루어지는 환경이 다른 만큼 이용자의 욕구도 다르고, 상담목표, 상담 전략 및 기법, 그리고 상담의 성과 또한 다를 수밖에 없다. 그러나 이러한 부분은 아주 낯설고 생경한 것이 아니기 때문에 관련 지식을 습득하기 위한 교육 · 훈련을 통해 충분히 전문성을 갖출 수 있다.

이에 집필진은 다수의 상담자로부터 실제 사이버상담에 활용하기 위한 '교재' 출간에 대한 요구를 많이 받아 왔다. 일반인과의 상담현장에서 사이버상담에 대해 가지는 관심은 높은 반면, 관련된 내용으로 출간된 책은 거의 없어서 많은 상담자의 불편이 커지고 있음을 잘 알고 있기에 이 부분이 큰 부담이 되었다. 책의 출간이 늦어진 것도 사실 이러한 부담감 때문이기도 하다.

요구와 필요성이 많은 만큼 책을 집필하는 데 있어 무엇에 초점을 두어야 하는지가 큰 고민이기도 하였다. 결론적으로 이 책은 활용서의 개념으로 구성하였다. 사이버상담을 할 수 있는 상담자는 대면상담에 대한 이론과 실제를 충분히 숙지한 전문가이기 때문에 이를 전제로 사이버상담을 활용할 수 있도록 하는 부분에 집중하였다.

이 책은 총 3부로 구성하였으며, 제1부에서는 사이버상담의 필요성과 근간이 되는 이론적 배경, 사이버상담을 구성하는 상담유형과 특징을 기술하였다. 제2부에서는 사이버상담의 실제로 사이버상담 진행을 위한 상담개입 방법, 사례개념화, 사이버상담 유형별 상담개입 방법을 포함하여 기술하였다. 제3부에서는 사이버상담에서의 청소년 위기문제와 윤리문제를 집중적으로 다루었다. 사이버상담 사례 중 자살, 임신, 폭력, 가출 등 긴급구조 및 대응이 필요한 경우 위기문제별 개입 전략을 구체적으로 기술하였다. 또한 사이버상담의 특성상 연계 및 정보제공에 대한 내용도 포함하였다. 사이버상담 또한 대면상담과 같이 윤리문제가 중요시된다. 여기에는 이용자의 윤리적 보호뿐만 아니라 상담자에 대한 윤리적 문제와 보호를 다루었다.

이 책은 상담현장의 요구에 부합하기 위하여 내용별 사례와 실제 부분에 비중을 두어 구성하였다. 이러한 구성은 무엇보다도 집필진들에게 청소년상담 영역에서 공공성과 전문성을 갖춘 '청소년사이버상담센터'에서의 10여 년간의 경험이 있었기 때문에 가능하였다. 물론 많은 요구에 부합된 책이라 자신할 수는 없어 약간의 아쉬움이 남지만, 사이버상담을 하고자 하는 상담자들에게 책의 내용이 실제적 도움이 될 수 있기를 기대한다.

끝으로 이 책의 출판을 맡아 오랜 시간 기다려 주신 학지사 김진환 사장님, 세부적 일정을 조정해 주신 정승철 상무님, 좋은 책이 될 수 있도록 꼼꼼하게 원고를 검토해 주신 박선규 님께도 감사드린다.

2022년
저자 일동

차례

머리말 _ 3

제1부 청소년 사이버상담의 기초

✅ 제1장 사이버상담 · 13
1. 사이버상담의 필요성 / 13
2. 사이버상담의 정의 / 17

✅ 제2장 사이버상담의 근간이 되는 이론적 배경 · 21
1. 해결중심상담 / 21
   1) 해결중심상담과 청소년상담 _ 24   2) 해결중심상담과 사이버상담 _ 25
2. 단회기상담 / 27
   1) 단회기상담과 청소년상담 _ 28   2) 단회기상담과 사이버상담 _ 28
3. 인간중심상담 / 29
   1) 인간중심상담과 청소년상담 _ 31   2) 인간중심상담과 사이버상담 _ 32
4. 현실치료 / 32
   1) 현실치료와 청소년상담 _ 34   2) 현실치료와 사이버상담 _ 34

☑ **제3장 사이버상담의 특징과 유형 · 37**

1. 사이버상담의 특징 / 37

    1) 상담관계 형성과 익명성 _ 37   2) 단회기적 경향 _ 38

    3) 상호작용 도구로 문자 사용 _ 40

    4) 의사소통 방식의 새로운 물결: 인공지능을 활용한 상담 및 심리치료 접근 _ 41

    5) 접근성과 효율성 _ 45

2. 사이버상담의 유형 / 46

    1) 채팅상담 _ 47   2) 문자상담 _ 48

    3) 이메일상담과 게시판상담 _ 49   4) 사이버아웃리치 상담 _ 50

제2부 청소년 사이버상담의 실제

☑ **제4장 사이버상담 상담개입 방법 · 55**

1. 언어로 만나는 상호작용의 중요성 / 56

2. 채팅상담의 주요 반응 기법 / 56

3. 채팅상담에서의 효과적인 전달력 / 60

☑ **제5장 사이버상담 사례개념화 · 63**

1. 사이버상담에서의 사례개념화 / 63

2. 사례개념화 연습하기 / 65

✓ 제6장 사이버상담 유형별 상담개입 방법 · 73

1. 채팅상담 개입 방법 / 74

　　1) 도입 단계 _ 76　　　　　　　　　2) 내담자 파악 단계 _ 79

　　3) 상담목표 설정 단계 _ 82　　　　4) 행동 평가 및 계획 단계 _ 87

　　5) 마무리 _ 92

2. 게시판 및 메일 상담 / 95

　　1) 첫인사 _ 97　　　　　　　　　　2) 문제의 명료화 _ 98

　　3) 공감 _ 100　　　　　　　　　　4) 상담목표 설정하기 _ 101

　　5) 정보 및 조언 제공 _ 102　　　　6) 추가 정보 제공 _ 105

　　7) 결론 _ 106　　　　　　　　　　8) 끝인사 _ 106

　　9) 답변 발송 및 게시 전 최종 확인사항 _ 107

3. 사회관계망서비스를 활용한 사이버아웃리치 / 109

제3부 사이버상담에서의 청소년 위기문제와 윤리 🔍

✓ 제7장 사이버상담에서의 청소년 위기문제 · 119

1. 긴급구조가 요구되는 위기문제 / 120

2. 위기문제별 사이버상담 개입 전략 / 120

　　1) 가출 _ 120　　　　　　　　　　　　　　　2) 자살 _ 131

　　3) 폭력(가정폭력, 성폭력, 학교폭력, 사이버폭력) _ 147　　4) 임신 _ 165

3. 긴급구조 위기문제의 기관 정보 제공 및 연계 / 174

☑ 제8장 청소년 사이버상담 윤리 · 177

1. 인터넷 세계와 상담 윤리 / 177

2. 사이버상담에서 쟁점이 되는 윤리적 문제 / 180

    1) 개인정보 보호 및 비밀보장의 한계 _ 182

    2) 상담기록물 저장과 공유 _ 186

3. 윤리적 딜레마 상황에서의 의사결정 전략 / 187

4. 사이버상담에서의 상담자 보호 / 193

☑ 부록

1. 청소년 사이버상담 셀프케어 지원 콘텐츠 / 195

    1) 솔로봇 _ 196

    2) 웹심리검사 _ 197

    3) 고민해결백과 _ 198

    4) 온라인 부모교육 '이음-e' 프로그램 _ 199

2. 청소년 사이버상담 연계 기관 / 201

    1) 전국 청소년상담복지센터 _ 202

    2) 전국 학교밖지원센터 '꿈드림' _ 210

    3) 전국 청소년 쉼터 및 회복지원시설 _ 218

    4) 청소년 인터넷드림마을 및 청소년디딤센터 _ 224

참고문헌 _ 227

찾아보기 _ 235

• 제1부 •

청소년 사이버상담의 기초

제1장 사이버상담
제2장 사이버상담의 근간이 되는 이론적 배경
제3장 사이버상담의 특징과 유형

제**1**장

사이버상담

1. 사이버상담의 필요성

2019년 말부터 시작된 코로나바이러스감염증-19(COVID-19, 이하 코로나19)로 인해 우리 일상은 갑작스러운 변화를 맞이하였다. 대면활동보다는 서로에게 안전한 비대면활동이 주를 이루게 됐으며 이제는 '그렇게 해야만 하는' 상황이다. 그나마 다행스러운 것은 ICT기술의 발달로 모든 자료를 데이터화하고 온라인상에서 공유할 수 있게 되어 직접 만나서 소통하지 않더라도 일하고, 공부하고, 일상생활을 할 수 있다는 것이다. 더욱이 이제 우리 청소년들은 직접 만나서 이야기하는 것보다 모바일과 SNS를 통해 소통하는 것에 훨씬 익숙하고 편안함을 느낀다. 하지만 코로나19라는 재난상황으로 인한 갑작스럽고 전면적인 대면활동의 중단은 모든 활동의 '멈춤'을 가져왔고 준비되지 않는 상태에서 생활패턴의 변화는 당혹감과 혼란을 초래하였다.

특히 청소년에게 있어 학교생활, 대외활동의 중단은 더 많은 혼란과 일상의 붕괴를 경험하게 하였다. 새 학년과 새 학기에 학교수업은 원격수업으로 전환되었고, 방과 후 활동이 전면 금지되었다. 이에 청소년은 관계에서의 소외감을 경험하게 되고, 많은 시간을 미디어에 의존해서 지내게 되었다. 또한 예전과 달리 오랜 시간을 가족과 지내며 가족갈등 또한 증가하였다. 이러한 불안정한 상황은 우울, 분노, 불안 등 정신건강상의 문제와 스트레스 수준을 높이고 있다. 청소년기는 이러한 상황적 요인이 아니어도 발달적 특성과 진로, 학업, 대인관계 등 발달 과업으로 인해 스트레스에 취약할 수 있다. 이상에서와 같은 환경 변화와 청소년기 발달 특성들을 고려하여 학교와 지역사회에서는 대면 및 비대면 방식의 다양한 상담서비스를 제공하고 있으며, 이러한 공적 서비스로서의 청소년상담은 청소년안전망의 중요 기능으로 작동하고 있다.

상담(相談)이란, 서로 마주 보고 이야기를 나누는 것이다. 상담을 통해서 우리 각자가 가지고 있는 고민과 어려움은 상담과정에서 누적된 감정으로 표현되고, 우리는 문제의 원인을 알아보고, 문제를 해결하기 위한 다양한 방법을 찾아볼 수 있다. 상담자와 내담자는 서로를 신뢰하고 호감을 지니며, 내담자는 상담자의 전문성을 믿고 안전한 상담환경에서 자신의 이야기를 하고, 문제해결을 위한 다양한 방법을 시도할 수 있다. 상담은 그 목적과 상담효과를 높이기 위해 다양한 형태와 접근 방식을 달리하며 이루어진다. 대면상담은 상담의 가장 기본이 되는 형태이며 많은 상담 이론과 기법이 대면상담 장면에서 개발되고 적용되어 왔다. 그동안 전화상담, 사이버상담 등은 대면상담이 어려운 경우에 대면상담의 보조적인 형태로 이루어졌다. 실제로 거리와 시간상의 이유로 상담실을 직접 방문하기가 어려운 경우, 내담자는 비대면상담인 사이버상담과 전화상담을 이용하였다. 비대면상담의 경우 시간을 내서 직접 상담실을 찾아가야 하는 불편함 대신 시공간의 제약 없이 상담이 가능하다. 또한 자신의 인적사항을 노출하지 않고도 상담이 가능하기 때문에 청소년의 이용률이 높다. 최근에는 비대면상담의 선호도가 높아지고 있으며, 청소년의 경우 직접 만나서 이야기하는 것보다 인터넷, SNS에서 텍스트로 소통하는 것에 더 익숙하기 때문에 앞으로 사이버상담이 청소년상담 분야에서 더욱 비중이 높아질 것으로 예상된다.

인터넷환경을 기반으로 이루어지는 사이버상담(Childress, 2000)은 초기에는 의학적 문제와 신체장애가 있는 경우에 웹사이트를 통해 관련된 기본적인 정보제공을 위해 시작되었다(Kolata, 2000). 이후 웹을 기반으로 한 심리치료가 대면치료의 대안적 형태로 운영되고 있다. 최근에는 이러한 형태의 치료의 효과성이 검증되고 다양한 형태의 콘텐츠가 개발되고 있어 인터넷을 통해 많은 사람에게 빠르고 쉽게 화상상담, 모바일을 이용한 상담, 이메일 혹은 채팅상담 형태의 개별 서비스를 제공하고 있다(이동훈, 김주연, 김진주, 2015; Ritterband et al., 2003). 사이버상담은 뛰어난 접근성과 시공간적 편의성, 그리고 경제적 측면에서 높은 효율성을 보여 줄 뿐만 아니라 내담자가 자신의 상태에 맞추어 정보를 소화할 수 있다는 장점을 지니고 있다.

사이버상담은 정보통신 기술의 발달, 환경적 변화, 상담에 대한 요구 증가로 다양한 현장에서 주목받고 있으나 동시에 한계성 또한 꾸준히 제기되고 있다. 사이버상담의 치료적 효과에 대해 긍정적이기는 하나 집중적인 지원과 개입이 필요한 고위기 내담자에게는 효과가 제한적일 수 있다. 즉, 고위기 상황에서 상담을 임의로 중도에 그만두지 않고 지속하는 문제는 매우 중요한데, 사이버상담으로 내담자의 동기를 어떻게 유지시키느냐가 관건이며, 집중관리를 위한 다각적 방법을 제공하는 어려움 또한 사이버상담의 한계로 여겨지고 있다.

이외에도 사이버상담은 대면상담에 비해 짧은 상담시간이나 비언어적인 소통이 어렵다는 제한점을 가지고 있다. 실제로 Mohr 등(2010)의 연구에서 이용자가 가장 선호하는 상담방법을 조사한 결과 대면상담이 91.9%, 전화상담이 62.4%, 마지막으로 사이버상담이 48.0%로 나타났다. 물론 최근 급변

하는 상황을 감안한다면 결과가 다르게 나타날 수도 있으나 자신의 심리정
서적 어려움을 충분히 이야기할 수 있고, 자신이 수용된다는 느낌을 지닐 수
있고, 문제해결을 위한 구체적 방법을 실행하는 등 상담자와의 치료적 작업
이 가능한 대면상담이 효과성과 선호도 면에서 높을 수밖에 없다. 사이버상
담의 경우 비대면상담의 특성상 내담자의 표정이나 자세, 위생상태 등 비언
어적인 부분을 관찰하기 어렵기 때문에 내담자를 충분히 이해하기에는 분명
한 한계가 있다. 최근에는 내담자가 자신의 상태와 텍스트에 숨은 뜻들을 표
현하기 위한 삽입어구(이모티콘 등) 등을 이용하여 상담을 하면서 이러한 단
점은 어느 정도 극복하고 있으나 대면상담에 비해 충분하다고는 할 수 없다
(Taylor et al., 2003). 또한 사이버상담에서는 윤리적인 측면에 있어서 특별히
고려해야 할 점이 있다. 비밀유지, 데이터의 신뢰성, 인터넷의 동등한 접근
권, 상담자의 자격관련 문제, 특히 개인정보 유출의 위험성 등은 사이버상담
에서 더욱 주의해야 할 부분이다.

사이버상담은 채팅상담, 게시판상담과 같은 직접상담 이외에 ICT기술을
적용한 다양한 상담 콘텐츠를 활용하고 있다. PTSD와 사회공포증 치료에
VR을 이용하여 가상현실 안에서 트라우마 사건을 반복적으로 노출시킴으로
써 불안을 감소시키고, SNS를 활용한 찾아가는 사이버상담인 사이버아웃리
치로 자살, 폭력 등 문제상황을 적극적으로 발견하여 상담서비스를 안내 및
지원하고 있다. 이러한 사이버아웃리치는 기존의 찾아오는 상담에서 찾아가
는 상담의 형태로, 청소년 위기문제에 대한 적극적인 상담이자 최근 청소년
의 특성에 부합하는 접근 방법이라 할 수 있다.

외국의 경우 사이버상담은 온라인 심리치료의 형태로 우울, 불안, 스트레
스, 섭식장애, PTSD, 사회공포증 등의 치료장면에 적용되고 있으며, 우리나
라의 경우는 채팅상담이나 게시판상담 등 일대일 직접상담 방식으로 제공되
는 경우가 많다. 제공의 주체에 있어서 우리나라는 개인이나 민간보다는 정
부, 공공기관에서 운영하는 경우가 많다. 현재 몇 개의 웹기반 유료상담을

제외하고는 대부분 공공서비스 형태의 서비스가 제공된다는 점이 외국과의 차이점이라 할 수 있다.

　한국청소년상담복지개발원은 '청소년 상담복지'정책 및 사업을 수행하는 대표적인 공공기관으로 1990년대 후반부터 채팅상담과 메일상담 중심의 '유코넷' 서비스를 운영하며 청소년사이버상담의 전문성과 상담 콘텐츠 운영노하우 등을 보유하고 있다. 2011년 정부에서는 위기청소년문제 해결을 위해 기존 '유코넷'을 '청소년사이버상담센터'로 확대 및 개편하여 265일 24시간 무중단 상담서비스를 제공하게 되었다. 이에 위기청소년 발굴 및 예방을 목적으로 웹 심리검사, 고민해결백과 등 온라인 콘텐츠를 탑재하고 채팅상담, 게시판상담 등 직간접 상담서비스를 제공하였다. 이와 같이 우리나라의 청소년상담 분야는 민간 중심의 서비스보다는 정부 주도의 공공서비스 성격이 강하며, 사이버상담 또한 청소년복지지원법에 근거한 청소년상담복지 정책사업으로 운영되고 있다.

2. 사이버상담의 정의

　사이버상담은 사이버(가상공간)에서 이루어지는 전문상담활동으로 상담자와 내담자가 상담실이라는 공간에서 직접 만나지 않고 온라인을 통해 일대일 채팅, 게시판, 메신저, SNS로 상담을 진행하는 것이다. 사이버상담은 채팅상담이나 게시판상담과 같은 직접상담 서비스와 상담자나 치료자들이 인터넷의 접근성과 편의성으로 내담자의 문제해결을 돕기 위한 콘텐츠를 활용하여 내담자를 지원하는 간접상담 서비스(Jones & Stokes, 2009)가 포함된다.

　사이버상담에서 가장 기본은 인터넷 네트워크를 기반으로(임은미, 2006) 상담자와 내담자가 텍스트를 통해 의사소통하는 것이다. 내담자가 자신의 정서 상태, 가지고 있는 문제, 자신의 상황과 생각 등을 문자로 전달하고 상담자 또한 문자로 반응하며 상담을 진행한다. 사이버상담의 목적은 내담자의 고민과 궁금증을 해결하고 마음에 안정과 위로를 주거나(정현숙, 유미숙, 2010) 문제를 해결하고 생각, 감정, 행동 측면의 인간적 성장을 위한(허정훈, 김은지, 2013) 것으로 대면상담과 목적이 다르지 않다. 즉, 사이버상담은 네트워크를 바탕으로 내담자 문제해결을 위해 축적된 정보를 이용하여 조언을 제공하거나 내담자의 정서, 사고, 행동상의 변화과정에 도움을 주는 전문상담 서비스이다(양미진, 유준호, 박성류, 2016). 연구 및 문헌에서도 사이버상담은 컴퓨터나 모바일 등의 매체를 활용한 비대면 상담으로 내담자의 문제해결에 도움을 줄 수 있는 전문상담으로 정의되고 있다.

사이버상담은 매체를 활용한다는 점, 상담에서 다루는 주제와 내담자 특성 면에서 일반상담과 다른 특성들이 있다.

첫째, 컴퓨터나 모바일 등을 매개로 함으로써 내담자가 시공간의 제약을 받지 않고 상담할 수 있다. 특히 상담실 방문이 어려운 지역에 살고 있거나 장애가 있는 경우, 해외거주자, 대인기피증이 있거나 대면상담에 거부감과 같은 정서적 이유가 있는 내담자들도 사이버상담에는 쉽게 접근할 수 있다 (오혜영, 지승희, 허지은, 2010).

둘째, 상담자와 내담자는 대면하지 않고 매체를 활용해 문자로 상담을 진행한다. 상담과정이 음성학적 및 시각적 정보가 아닌 문자나 기호로 전달되다 보니 내담자의 행동, 표정, 어조 등과 같은 비언어적인 행동을 알 수 없고 문자만이 유일한 소통의 수단이 된다(지승희, 오혜영, 김경민, 2010). 문자로 상호작용을 하는 사이버상담은 내담자가 글을 쓰고 읽는 과정에서 긍정적인 영향을 받고 현재 경험하는 감정을 기록할 수 있다. 또한 상담내용을 보관 할 수 있고 수퍼비전과 자문이 쉽다는 장점이 있다(김태한, 2012; 김영애, 2004; 이영선, 박정민, 최한나, 2001).

셋째, 얼굴과 자신의 신분이 노출되지 않는 익명성으로 다른 사람에게 쉽게 할 수 없는 자신의 이야기를 나눌 수 있다. 내담자는 임신, 동성애, 가정폭력, 범죄에 대한 고백 등 대면상담에서는 꺼내기 어려운 이야기를 사이버상담에서는 비교적 수월하게 이야기할 수 있다. 그러나 자신이 드러나지 않는 익명성을 악용해 폭력적인 내용이나 반응으로 상담자를 괴롭히는 경우가 있다. 따라서 사이버상담을 하는 데 있어 사이버상의 윤리와 규범을 지키지 않는 내담자로부터 상담자를 보호하기 위해서 상담 시 지켜야 하는 규칙을 구조화하고 위반 시 행해질 수 있는 처벌에 대한 안내가 필요하다.

넷째, 내담자들은 지금 당장 해결하고 싶은 문제로 상담하기 때문에 문제 해결중심의 접근이 유용하다. 이를 위해 상담자는 신속히 호소문제를 탐색하고 상담방향을 설정해야 한다. 또한 공감과 반영, 지지적 반응 등으로 상담관계를 형성하고 적극적인 질문으로 상담의 집중도를 높이는 것이 중요하다. 사이버상담 이용자는 자발성과 상담에서 자신이 원하는 바가 분명하다. 자칫 대면상담과 같이 상담 초기에 상담관계형성을 위해 많은 시간을 소요하거나 문제탐색을 위해 많은 질문을 하며 시간을 소요하는 경우 내담자는 상담을 중단하거나 상담에 대한 부정적 평가를 할 수 있음을 알아야 한다.

다섯째, 사이버상담의 경우 앞서 언급했듯 자발성과 상담을 원해 얻고자 하는 바가 명확한 특성이 있다. 또한 내담자 스스로가 자신의 정보를 얼마나 노출할지를 결정할 수 있고 상담의 지속 여부를 결정할 수 있다. 이와 같이 상담자는 사이버상담과정에서의 내담자의 상담지속 여부의 결정성 등의 특징을 잘 인지하여야 하며 이에 따른 대면상담과 다른 상담전략과 상담진행이 필요하다.

제2장
사이버상담의 근간이 되는 이론적 배경

1. 해결중심상담

해결중심상담은 1980년대 초 미국의 단기가족치료센터에서 시작된 상담모델로 내담자의 문제 상황보다는 문제가 없었던 예외 상황, 즉 성공경험을 탐색하고 활용하여 해결책을 구축하는 것을 핵심으로 한다. 해결중심상담에서 상담자는 문제 상황에 대해서는 적게 다루고 내담자와 함께 상담의 목표를 설정한 후 그 목표를 달성하기 위해 할 수 있는 과제들을 구성하는 데 초점을 맞춘다. 1980년대 이전의 가족치료는 상담자가 '정상적인 가족'의 준거를 활용하여 내담자 가족의 역기능성을 판단하고, 역기능적 가족구조를 변화시킴으로써 내담자 가족이 호소하는 문제를 감소시키는 방향으로 진행되었다. 이는 기능적인 행동과 역기능적인 행동이 규정되어 있음을 의미하며 비정상이 무엇인지 객관적으로 구분됨을 전제로 한다. 해결중심상담이 포함된 후기 가족치료는 내담자 문제에 대해 초기 가족치료와 다르게 바라본다. 이는 1980년대 심리치료 분야로 확대되기 시작한 포스터모더니즘과 사회구성주의의 영향을 받은 것이다. 후기 가족치료에서는 실제가 객관적으로 존재하지 않으며 내담자의 주관적인 현실세계와 언어적 상호작용에 따라 다르게 구성될 수 있음을 강조한다(정문자, 송성자, 이영분, 김유순, 김은영, 2008). 즉, '문제' 역시 특정한 원인에 의한 결과로서 객관적으로 존재하는 것이 아니라 무엇을 문제로 보느냐에 달려 있으며 이는 내담자의 신념체계, 내담자가 자신을 둘러싼 환경과 주고받는 언어적 상호작용, 내담자가 속한 문화 등에 영향을 받는다. 해결중심상담에서 상담자는 내담자에 대해 '알지 못하는 자세(not-knowing posture)'를 취한다. 내담자의 문제는 내담자가 스스로의 경험에 의미를 부여하며 구성하는 것이기 때문에 내담자의 관점, 전제, 의미부여에 관한 대화 없이는 미리 알 수 없다고 보았다(김유숙, 2002). 상담자는 문제에 관한 내담자의 지식, 경험, 가치, 의미 등을 인정하고 존중하며(Anderson, 1993), 상호신뢰를 전제로 한 내담자와의 협력적 대화과정에서 새로운 견해와 의미를 만든다(Erron & Lund, 1996). 해결중심상담에서는 문제가 객관적으로 존재하는 것이 아니고 반드시 특정 원인에 의한 결과로도 볼 수 없기 때문에 그 문제와 원인에 대한 탐색 또한 문제해결을 위해 반드시 필수적인 것은 아니라고 보았다. 따라서 '예외상황'에 주목하기 시작했으며(De Shazer, 1985), 내담자가 이미 성공했던 경험이 있음에도 이를 잊어버렸거나 중요시하지 않았음에 주목하였다. 여기서 성공적인 경험은 내담자가 이미 가지고 있는 해결책을 의미한다. 해결중심상담자들은 내담자가 자신의 강점과 성공적인 경험을 자각하게 하고, 강점은 활용하고 성공적인 경험은 더 많이 하도록 함으로써 단기간에 내담자 행동이 변화하도록 한다. 가족치료연구모임(1996)에서 제시한 해결중심상담의 기본적 가정이자 해결중심상담의 5단계 상담진행과정은 다음과 같다.

1단계는 상담자가 내담자와 공감적이며 협조적인 관계를 맺는 단계이다.

상담자는 내담자에 대해 미리 예단하지 않는 '알지 못하는 자세'를 취하며 내담자가 문제에 대해 어떻게 지각하고 있는지 경청한다. 상담자는 내담자와의 관계형성을 위해 내담자의 고유한 생각과 정서에 호흡을 맞춘다. 이 단계에서 상담자는 내담자가 반복적으로 사용하는 중요 단어를 사용함으로써 내담자의 상담관계형성에 도움을 줄 수 있다(정문자 외, 2008).

2단계는 목표설정 단계이다. 해결중심상담의 목표는 내담자가 원하는 것을 우선으로 하며 상담자와 내담자의 협력으로 도달하게 되는 지점을 명확히 보여 주는 역할을 하게 된다. 그러나 내담자가 자신이 최종적으로 달성해야 하는 지점을 설정하지 못하면 변화과정의 일부일 수 있는 작고 구체적인 목표를 설정하여 성취하기 쉽게 조정하는 것이 필요하다.

3단계는 목표 성취를 위한 해결책을 구축하기 위해 해결지향적인 질문을 하는 단계이다. 해결중심상담에서의 질문은 문답을 통해 문제에 대한 내담자의 견해와 잠재적 해결능력이 변화될 수 있다는 신념(Berg, 1994)을 바탕으로 한다는 점에서 독특성을 가진다. 즉, 현실이 언어로 구성된다는 사회구성주의적 신념아래, 문제와 내담자 자신에 관해 언어적으로 다르게 표현하게 함으로써 다른 견해를 갖게 하고 다르게 행동하게 하는 과정이라 할 수 있다. 해결지향적인 질문들은 수많은 임상 사례 중 이러한 과정이 도움이 되는 질문들을 발견하고 보완하는 귀납적인 방법들로 발전되어 왔다. 대표적인 해결지향적인 질문으로 첫 면담 전의 변화에 대한 질문, 예외질문, 기적질문, 척도질문, 대처질문, 관계성질문 등이 있다. 예외질문은 내담자가 자신의 문제에 집중하느라 보지 못하는 긍정적인 측면에 대한 질문으로 문제해결 방법을 찾는 데 핵심적인 질문이라 할 수 있다. 내담자가 문제를 잘 해결했던 성공적인 경험뿐만 아니라 내담자의 강점과 자원에 대한 질문도 모두 예외질문에 속한다. 예외질문은 해결책을 찾아볼 수 있는 단서를 제공하고 내담자가 자신의 문제해결력을 상담자와 내담자의 관계 속에서 강화시키는 기능을 한다.

4단계는 해결지향적 질문을 통해 구체화된 내담자의 성공경험을 확대하기 위한 메시지를 제시하는 단계이다. 메시지는 칭찬, 연결문, 과제로 구성되어 있으며 교육적 기능, 정상화 기능, 새로운 의미의 기능, 과제 제시의 기능을 갖는다(정문자 외, 2008). 과제는 상담목표 달성을 위해 내담자에게 실천해 보도록 요청하는 행동의 목록이다. Berg와 Miller(1992)에 따르면 해결중심상담자는 내담자와의 관계 유형에 따라 다른 형태의 과제를 제시한다. 자신의 행동을 변화시킬 준비가 되어 있는 '고객형'에게는 예외적 행동을 더 할 것을 요청하는 행동과제가 주어지며, 자신이 아닌 중요한 타인의 행동 변화가 문제해결방법이라고 생각하는 '불평형'에게는 언제 예외적인 결과가 발생했는지를 생각해 보도록 하는 '관찰과제'가 주어진다.

5단계는 첫 회기 이후의 상담으로 전 회기 상담 이후 다시 상담에 오기까지의 기간 동안 조금이라도 변화한 것이 있는지 탐색하고 그것을 구체화하는 작업을 하는 단계이다.

1) 해결중심상담과 청소년상담

청소년은 부모, 선생님 등 보호자에 의해 비자발적으로 상담이 의뢰되는 경우가 많다. 또한 청소년은 발달단계 특성상 자신만의 것에 집중하는 경향이 있으며 자신의 행동을 교정하려는 시도에 거부적이다. 상담자 주도의 상담과정에는 잘 협조하지 않는다. 따라서 청소년상담에 있어 가장 중요한 것은 청소년 자신이 문제를 해결할 수 있는 주도성을 지니고 있음을 전제로 하는 것이다. 상담자가 청소년의 경험과 견해, 가치관을 존중하는 해결중심적 접근이 효과적일 수 있다. 청소년은 문제의 원인에 비해 깊이 있게 통찰하기보다는 우선 무엇이라도 행동으로 옮긴 후 효과 있는 것을 찾으려는 경향이 강하다(Berg & Steiner, 2003). 또한 연령이 어린 청소년의 경우 지적 능력이 충분히 성숙하지 않아 문제에 대해 인식할 능력이 부족할 수 있고 규정된 문제가 자신의 변하지 않는 속성인 것처럼 자기 낙인을 찍을 위험성이 있다. 이를테면, 친구를 사귀는 데 어려움을 느끼는 청소년에게 "너는 소극적이고 대화에 서툰 아이이다."라는 피드백을 하는 것은 '나는 소극적이고 말도 못 하니까 틀림없이 이번에도 혼자가 될 거야.'처럼 부정적인 방향의 자기충족 적인 예언 효과를 초래할 가능성이 있다. 반면, '문제시되고 있는 것'보다는 '잘하고 있는 것' '과거에 성공했던 것'을 찾아 확장하는 해결중심상담과정은 청소년의 자아존중감과 자기조절감을 향상시켜 변화 동기를 강화하며 실제 행동변화로 이어지게 할 가능성이 크다.

특히 해결중심상담은 일반적으로 단기에 종결된다는 점에서도 청소년상 담으로 적합하다. 청소년상담은 가족이나 학교 내에서의 청소년 행동을 빠 르게 변화시키려는 목적으로 진행되는 경우가 많다. 해결중심적 접근은 작 고 구체적인 행동으로 표현된 상담목표를 설정하고 내담자가 이미 가지고 있는 강점과 자원을 활용하여 단기에 상담 효과가 나타나도록 하기 때문에 청소년상담에서 선호하는 상담이론이다.

2) 해결중심상담과 사이버상담

해결중심상담은 효과적인 해결책을 빠르게 구축한다는 측면에서 단회기 위주로 이루어지는 사이버상담에 적합하다고 할 수 있다. 사이버상담은 단 회기로 진행되는 경우가 많으며 별도의 상담신청이나 접수면접 등이 이루어 지지 않아 내담자에 대한 직접적인 관찰이나 정보를 얻는 데 제한점이 많다. 따라서 문제에 대한 정보수집과 다각적인 분석, 원인을 이해하고 상담전략 을 세우는 일련의 상담과정대로 진행하기는 쉽지 않다. 반면, 해결중심상담 에서는 문제상황을 파악하는 데 많은 시간을 들이지 않기 때문에 보다 짧은 시간에 상담진행이 가능하다. 이에 내담자의 문제를 텍스트로 주고받으며 이루어지는 사이버상담은 해결중심상담 기법 적용이 용이하다. 사이버상담에서 상담자는 내담자의 기본 정보에서 오는 선입견을 최소화하고 내담자가 자신의 현실을 언어적(글)으로 어떻게 구성하고 있는지 파악할 수 있다. 이에 상담자는 내담자의 고유한 표현방식으로 기술되는 문제중심의 언어게임을 해결중심의 언어게임으로 바꾸는 작업을 할 수 있다. 그러나 해결중심상담을 사이버상담에 적용하는 데 있어서도 고려해야 할 점이 있다. 우선, 채팅상담을 진행하는 데 있어 내담자의 문제상황 파악이 무엇보다 중요하다. 채팅상담을 하는 내담자의 경우 빠른 문제해결을 원하며 이에 따라 직접적인 도움과 정보를 제공받고자 한다. 빠른 개입이 없는 경우나 자신이 원하는 도움의 방향이 아닌 경우에는 일방적으로 상담을 중단할 수 있다. 또한 해결중심상담의 경우 해결지향적인 질문을 주요 기법으로 하여 내담자가 자신의 문제를 이해하고 해결책을 이끌어 낼 수 있도록 한다. 그러나 자칫 이러한 질문기법이 문제해결에 대한 상담자의 명확한 조언이나 제안을 기대하는 경우, 자신의 상담과정에 도움이 되지 않는다고 여기며 상담에 대해 부정적으로 생각할 수 있다. 따라서 사이버상담 초기에 상담에 대한 구조화와 상담자와 내담자 간의 신뢰로운 상담관계 형성을 위해 노력해야 한다. 구조화에는 상담 가능 시간, 비밀보장 및 비밀보장의 예외상황 등에 대한 정보제공뿐만이 아니라 상담진행에 대한 정보도 제공함으로써 불필요한 오해를 갖지 않도록 하여 신뢰로운 상담관계를 형성하여야 한다.

해결중심상담은 언어를 통해 문제에 대한 새로운 시각과 의미를 만드는 과정이므로 내담자가 일정 수준 이상의 사고와 언어능력을 갖추고 있어야 한다. 때에 따라서는 그림 그리기, 감정카드 등을 사용하기도 하는데 사이버상담에서는 언어(글) 이외에 다른 보조도구를 사용할 수 없기 때문에 내담자의 예외상황을 수월하게 찾을 수 있는 구체적이고 쉬운 질문을 하여 자신의 경험을 이해할 수 있도록 해야 한다.

2. 단회기상담

단회기상담은 1회기 상담만으로 상담개입이 종료되는 상담을 말한다. 일반적인 대면상담에서 1회 상담의 경우 단순한 정보제공 상담에 국한되며 심리상담의 경우 단회기상담이라고 했을 때는 상담개입 및 성과에 대해 부정적으로 평가될 수 있다. 그러나 실제 단회기상담 효과를 분석한 결과 단회기상담으로 종결한 경우에도 내담자는 상담에서 기대했던 것을 얻었으며, 실제로 문제가 해결되었다고 보고하였다(Talmon, 1990/2011; 양미진, 유준호, 박성륜, 2016). 이는 단회기상담이란 단순히 다회기상담을 단회로 압축해서 끝내는 것이 아니라 1회기 상담만으로도 도움을 줄 수 있도록 적합한 상담 이론과 기법을 사용한 상담과정이 적용되어야 한다.

단회기와 다회기 상담의 차별되는 핵심 가정은 다음과 같다(Bloom, 1981). 첫째, 단회기상담에서는 상담초기에 문제를 심도 깊고, 다각적으로 탐색하는 데 시간을 할애하지 않는다. 즉, 내담자가 도움을 청하는 바로 그 시기의 주요 문제에 대해 개입하는 데 초점을 두고 있다. 둘째, 내담자가 자신의 문제를 해결할 역량이 있음을 가정한다. 단회기상담에서는 내담자의 강점과 자원을 인정하고, 내담자가 이를 문제해결에 이용할 능력이 있다는 전제를 가지고 진행하는 것이다. 셋째, 상담자는 구체적이고 작은 목표에 초점을 두어야 한다. 이는 작은 목표를 성취하게 되면 이것이 다른 변화를 가져온다고 믿기 때문이다. 이와 같은 핵심 가정으로 단회기상담은 내담자가 이미 가지고 있는 것을 활용하여 작고 구체적인 목표를 성취하도록 하는 효율적인 상담과정을 추구한다.

1) 단회기상담과 청소년상담

청소년들은 성인에 비해 장기간 상담과정을 통해 자신의 내면 문제를 통찰하고 문제해결을 하는 것이 쉽지 않다. 또한 청소년은 발달과정에서의 대인관계, 학업, 정신건강 등의 문제를 가지고 상담을 요청하거나 보호자에 의해 의뢰되는 경우가 대부분이다. 따라서 대다수의 내담자의 경우 빠른 시간 내에 문제해결이나 변화가 이루어지기를 원한다. 장기간 이루어지는 상담의 경우 시간과 경제적 자원이 문제가 될 수 있어 단회기상담의 핵심적 가정과 상담전략 기법이 청소년상담에 적용될 가능성이 높다. 이는 단회기상담에서는 청소년 내면의 특성을 변화시키려는 대신 현재의 문제에 초점을 맞추어 실현 가능한 작은 목표를 성취하려 하기 때문이다. 이러한 접근방법은 상담 과정에서 내담자의 강점과 자원을 찾고 이를 통해 문제를 해결하고자 하는 데 도움이 된다.

2) 단회기상담과 사이버상담

사이버상담은 단회기로 이루어지는 경우가 많으며, 많은 내담자가 단회기 상담 진행 중에도 상담이 도움이 되지 않는다고 느끼면 상담을 중단하는 경우가 많다. 사이버상담을 이용하는 내담자의 경우 자신의 문제가 매우 심각하다고 당장 문제가 해결되기를 기대하며 찾아오기 때문에 상담자의 반응이나 상담진행이 자신의 기대와 맞지 않다고 느끼면 상담을 일방적으로 중단할 수 있다. 따라서 사이버상담의 경우 상담자는 내담자의 문제(주호소문제)와 상담에 대한 욕구를 신속히 파악하고 적합한 상담개입을 해야 한다. 사이버상담은 일반적으로 접수면접 단계를 거치지 않기 때문에 상담자는 내담자의 반응으로 상담의 방향과 개입전략을 세워야 한다. 따라서 실시간 채팅상담의 경우는 상담자의 적극적이고 적절한 질문과 반응으로 내담자의 핵심정보를 이끌어 내어야 한다.

박경석과 김계현(1993)은 내담자의 특성과 상담자의 상담전략에 따라 상담유형을 지지호소형, 문제해결 호소형, 정보 및 조언 요구형 등 세 가지 유형으로 나누었으며 사이버상담 장면에서도 이러한 부분은 적용될 수 있다. 상담자는 우선, 내담자가 원하는 것이 무엇인지를 파악한 후 지지제공, 문제해결 조력, 정보 및 조언 제공 등의 필요한 개입을 할 수 있다. 우리는 청소년 대상 상담을 진행하는 데 있어서 한 가지 이론이나 기법을 고수하기보다는 내담자의 욕구와 상태에 따라 여러 이론과 기법을 절충적, 통합적으로 사용할 필요가 있음을 알고 있다. 보통 지지호소형의 내담자는 자신의 감정에 대해 과장된 언어로 표현하는 경우가 많고, 상담자는 경청하는 데 시간을 할애하게 된다. 문제해결 호소형의 내담자는 자신의 상황에 대해 설명하고 해결책을 요구하는데, 상담자는 내담자가 이전에 사용했던 방법 또는 내담자의 강점을 활용하여 해결책을 모색한다. 정보 및 조언 요구형의 내담자는 자신이 필요한 정보가 무엇인지 적극적으로 요구하는 경향이 있고, 상담자는 전문적 영역에서의 정보와 조언을 제공한다.

3. 인간중심상담

인간중심상담은 행동주의와 정신분석 접근의 대안으로 시작된 인본주의 심리학의 대표적인 상담이론이다. 1940년대 초기에는 비지시적 상담으로 시작하여 1960년대에는 내담자중심치료라 불리며 상담장면을 넘어 교육, 종교, 조직 등 다양한 사회 영역에 반향을 일으켰으며, 1970년 후반에는 인간중심상담으로 발전하게 되었다. 인간중심상담은 기존의 정신분석이나 행동주의와는 다르게 인간을 기본적으로 잠재력이 충분하고 성장하려는 동기가 있는 능동적인 존재로 보았다. 또한 로저스(Rogers, C. R.)는 인간은 선천적으로 타고난 성장 가능성을 실현해 내는 과정에서 삶의 목표와 행동방향을 스스로 결정하고, 결정에 따른 책임을 수용할 수 있는 자유로운 존재라고 보았다. 이러한 인간관에 근거한 인간행동에 대한 기본 가정은 모든 인간에게 주관적 현실세계가 존재한다는 것이다. 인간중심상담의 목적은 내담자가 자신의 타고난 잠재성, 개성을 최대한 발휘하여 자아를 실현함으로써 '충분히 기능'하는 사람으로 성장하도록 조력하는 것이다.

로저스에 따르면 상담의 초점은 현재 당면한 문제가 아닌 인간 그 자체이며 내담자가 자신의 경험세계를 탐색하고 존중함으로써 좀 더 자율적이고 자발적이 될 수 있도록 하는 것이다. 로저스는 이러한 역할을 수행하기 위해 상담자가 갖춰야 할 세 가지 필수적인 태도를 중요시하였다. 상담자의 일치성과 내담자의 내적세계에 대한 공감적 이해와 무조건적인 긍정적 존중이 그것이다.

첫째, 일치성은 상담자가 내담자와의 관계에서 일어난 감정을 진솔하게, 적정 수준으로 표현하는 태도를 말한다. 진솔하고 정직하게 자신의 경험을 드러내는 상담자의 태도를 통해 내담자 역시 내적인 경험과 외적인 표현이 일치되는 통합적인 인간으로 성장할 수 있게 된다.

둘째, 공감적 이해는 치료적 상호작용 과정에서 내담자의 경험, 감정을 정확하게 이해하는 것이다. 마치 '내담자인 것처럼' 가정하면서 내담자의 내적 준거체계에 의해 해석된 주관적 가치, 의미, 감정을 이해하고 내담자에게 표현했을 때 내담자는 정확히 자신이 수용되고 이해받고 있다는 경험을 한다.

셋째, 무조건적인 긍정적 존중은 내담자의 감정, 사고, 행동을 판단하거나 평가하지 않고 있는 그대로의 모습을 수용하는 것이다. 이와 같이 진심 어린 존중, 수용, 공감적인 분위기 속에서 내담자는 자신의 감정을 자유롭게 표현하며 감정을 덜 왜곡하게 되고, 경험에 개방적이게 되어 타인의 기대보다는 스스로에게 진실한 모습으로 살며 긍정적인 자기개념을 가질 수 있게 된다. 이러한 인간중심상담은 상담장면에서뿐 아니라 다양한 영역에서 활용될 수 있는 보편적인 이론으로도 큰 기여를 하였다. 이는 기본적으로 인간이 인간을 대하는 태도에 대한 이론이기 때문이며 실제 조직 안에서의 효과적 의사소통 방식으로 활용되기 때문이다. 또한 다양한 이론을 근거로 하는 상담이론에서 상담자와 내담자의 신뢰로운 상담관계 형성을 위해 기본이 되는 상담자의 태도로 여겨진다.

1) 인간중심상담과 청소년상담

로저스의 핵심개념인 자아와 유기체 사이의 불일치로 사람들은 불안을 경험하고 사고가 위축되거나 경직되는 부적응 상태가 된다. 특히 청소년은 실제적 자아와 이상적 자아의 괴리를 경험하게 된다. 이는 청소년이 겪는 주관적 현실과 실제 외적 현실에서의 불일치가 큰 청소년일수록 만족감을 얻지 못하고 적응이 어려우며 건강한 성인으로 성장하는 데 방해받도록 한다(김청송, 2009). 급변하는 사회적 분위기 속에서 우리나라 청소년들은 가족, 대인관계, 학업, 정신건강 측면 등에서 어려움을 겪고 있다. 로저스의 관점에서 청소년의 문제를 이해하면 청소년의 문제행동은 심리적인 방어이며, 이 행동을 보이고 있는 모습 그대로 존중받고 수용되어야 한다. 그러나 대부분의 청소년이 자아정체감을 형성하는 시기에 자신의 모습을 제대로 파악하고 현실적인 자기를 인정하는 법을 배우기는 매우 어려우며 주로 부모의 영향 아래에서 부모가 원하는 조건과 가치에 따라 행동하고 부모에게 인정을 받고자 한다. 로저스는 이 과정에서 자기구조와 현재의 경험이 불일치할 때 개인은 긴장과 혼란, 불안감을 경험하게 된다고 보았다. 따라서 상담자의 무조건적인 수용과 공감적인 이해는 내담자의 내적 혼란감과 불안을 해소시키고 상담장면과 같은 안전한 환경에서 현실적인 자기를 주체적으로 확립할 수 있도록 도울 수 있다고 보았다.

2) 인간중심상담과 사이버상담

텍스트로 이루어지는 사이버상담이라 해도 상담자와 내담자 간의 신뢰로운 상담관계 형성은 매우 중요하다. 특히 사이버상담은 서로 표정이나 상대를 대하는 태도를 시각적으로 확인할 수 없기에 텍스트를 주고받는 과정에서 충분한 상담관계 형성이 이루어져야 한다. 상담관계는 내담자가 상담자로부터 따뜻하게 수용되고, 존중받고 있으며, 자신의 상태를 잘 이해하고 있다고 느낄 때 이루어진다. 사이버상담에서도 상담자는 이러한 상담자의 태도가 잘 전달되도록 해야 한다. 이를 위해서 상담자는 공감과 지지로 내담자에게 '당신의 말을 듣고 있다'는 확신을 주는 '온라인 존재(online presence)' 기법을 사용하는 것이 좋다(하정미, 2011). 온라인 존재란 상담자가 실제로 존재하는 사람이라는 느낌을 내담자에게 충분히 전달하는 태도이다. 사이버상담 중 실시간 채팅상담의 경우 상담을 시작하면서 상담자가 전달하는 따뜻하고 환영하는 태도는 상담관계 형성에 있어 매우 중요하여 상담의 성공여부를 결정짓는 중요한 요인이다. Fencichel(2004) 역시 상담자의 따뜻함, 공감, 진솔성 같은 요소들이 사이버상담에서도 큰 영향을 미칠 수 있으며 상담에 대한 장벽이 있는 내담자라도 상담자의 이러한 태도는 상담에 대한 새로운 경험을 제공할 것이라고 보았다.

4. 현실치료

현실치료는 미국의 William Glasser의 이론으로 과거와 미래보다는 현재의 행동을 중요시하고 무의식의 세계보다는 의식세계와 현실지각을 중시하며 활동(행동)과 사고를 선택하는 책임이 개인에게 있다는 것을 강조하는 접근이다(조명실, 2012). 현실치료는 사람들이 스스로 인생의 방향을 설정하고 좀 더 효율적인 행동선택을 하도록 도와준다. 즉, 내담자가 책임 있는 행동을 선택함으로써 자신의 삶을 통제하고 문제 상황에 보다 효과적으로 대처할 수 있도록 돕는 데 초점을 두고 있다(최순화, 2010). 과거에 어떤 일이 일어났거나 어떤 환경조건에 처해 있는지 관계없이 자신의 행동을 주도적으로 선택하여 책임지고 효율적으로 자신의 욕구를 충족시키면서 현재와 미래를 적응적으로 살 수 있도록 하는 데 중점을 둔다(최순화, 2010). 현실치료는 선택이론에 기초를 두고 있다. 선택이론에서는 "우리가 통제할 수 있는 유일한 행동은 우리 자신의 행동이다."라는 명제로 시작한다. 선택이론이란 모든 생물체의 심리적 · 신체적 행위들을 설명해 주는 생물학적 이론으로 모든 행동은 외부의 자극에서 그 동기를 얻게 된다는 자극-반응 이론과 대비해서 행동은 내적으로 동기화된 것이라고 설명한다. 구체적으로 말하면 모든 행동은 우리의 다섯 가지 기본 욕구 중에서 하나 또는 그 이상을 충족하기 위해 그 상황에서 선택한 최선의 시도라는 것이다. 다섯 가지 기본 욕구는 소속, 힘, 자유, 즐거움, 생존으로, 이를 추구하는 과정에서 우선순위를 결정해야 하는데 그 선택과정에서 인간은 끊임없이 갈등하고 그것을 해소하는 과정에서 충족과 좌절을 경험하게 된다고 본다(변미희, 2002). Glasser(2010)에 따르면 욕구가 충족되는 곳이 좋은 세계인데 지각되는 현실세계는 좋은 세계와 같지 않은 갈등을 일으키게 된다는 것이다. 이러한 갈등을 해결하려면 행동체계(느끼기, 신체반응, 생각하기, 활동하기) 중에서 선택해야 하는데 우리가 효율적으로 통제할 수 있는 부분은 생각하기와 활동하기 영역이다. 선택이론이란 자신의 '좋은 세계 속'에서 존재하기 위해 더 나은 선택을 할 수 있음을 전제로 한다. 만약 선택한 행동이 욕구를 충족하게 된다면, 우리는 통제력을 획득할 수 있다는 것이다. 그러나 만일 선택한 행동의 결과가 만족스럽지 못하다면 더 좋은 선택을 할 수 있는 계획을 다시 세워서 자신이 원하는 것을 얻도록 하는 것이 현실치료이다.

1) 현실치료와 청소년상담

현실치료에서는 우리가 일상에서 직접 적용할 수 있는 실용적이고 구체적인 이론과 방법을 학습시킴으로써 책임감 있는 성숙한 인간으로서의 삶을 살 수 있도록 하는 데 목표를 두고 있다. 현실치료는 학교현장에서 특히 유용한 것으로 알려져 있다. 시간적 제약이 많은 학생에게 있어 단기상담으로 진행되는 현실치료는 진로상담과 같이 선택과 결정이 필요한 상담에 유용하기 때문이다(최순화, 2010). 현실치료는 내적 통제력을 향상시키고, 자기평가를 통한 더 나은 선택을 할 수 있는 능력을 갖출 수 있도록 한다는 점에서, 단기상담에서 매우 적합하다 할 수 있다.

2) 현실치료와 사이버상담

현실치료 기법이 직접적으로 사이버상담에 어떻게 적용될 수 있는지를 살펴보기 위해 Wubbolding(1988)이 설명한 'WDEP'의 단계 중심으로 살펴볼 필요가 있다.

첫째, 욕구탐색(Want) 단계에서 상담자는 내담자에게 '무엇을 원하는지'를 질문함으로써 자신의 욕구를 충족시킬 수 있는 방법을 찾아낼 수 있도록 한다. 사이버상담은 대부분 단회기로 이루어지기 때문에 단회기 안에 내담자에게 도움을 주기 위해서는 현재 내담자의 욕구를 명료화하는 것이 필요하다. 사이버상담을 이용하는 청소년의 경우 자신의 욕구를 제대로 인식하지 못하고 장황하게 이야기를 하기도 하는데 채팅상담의 경우 상담자는 내담자의 호소문제를 재진술하고 요약 정리하면서 내담자의 욕구를 명료화할 수 있도록 한다.

둘째, 현재 행동파악(Doing) 단계는 호소문제와 관련하여 내담자가 어떤 행동을 했는지를 확인하는 과정이다. 현실치료는 현재 행동을 강조하고 과거 사건에 대해서는 그 사건이 내담자가 지금 하고 있는 행동에 영향을 미칠

때만 관심을 갖는다. 이 단계는 상담자가 상담 초기에 내담자가 어떻게 하고 있는지 탐색할 수 있도록 도와주는 단계이다. 상담자는 내담자에게 "현재 무엇을 하고 있습니까?"라고 질문하며 내담자가 원하는 것이나 호소문제와 관련하여 어떻게 하고 있는지를 인식하도록 할 수 있다.

셋째, 평가하기(Evaluating) 단계는 내담자 행동의 각 요소를 평가할 수 있도록 하는 것이 매우 중요하다. 내담자 스스로가 자신의 행동을 평가하여 효과적인 선택을 하도록 돕기 위해 상담자는 내담자에게 자신의 행동결과를 직면시켜야 한다. 이 단계는 내담자의 행동과 욕구의 관계를 점검해 보고 내담자 스스로 자기평가를 하게 하는 단계이다. 이때 상담자는 "지금 현재 이런 행동이 당신에게 도움이 됩니까?"와 같은 질문을 함으로써 원하는 것을 위해 필요한 행동이 무엇인지를 고민하고 바꿀 수 있도록 한다.

넷째, 계획하기(Planning) 단계는 내담자의 욕구를 충족시킬 구체적인 방법을 찾는 것이 중요한 과제이다. 즉, 욕구를 충족시킬 수 있는 계획을 세우도록 하는 것이다. 내담자는 계획을 세우고 실천하는 과정을 통해 자신의 상황을 효과적으로 통제하고 선택할 수 있게 된다. 만약 계획이 어떤 이유에서건 효과가 없다면 상담자와 내담자는 함께 다른 계획을 세울 수 있다. 이 단계에서 사용하는 기법은 질문과 직면이다. 현실치료에서 질문은 내담자가 자신의 내면세계를 이해하고 정보를 수집하고 보다 효과적으로 통제할 수 있도록 도와준다. 또한 현실치료에서는 내담자의 변명을 허용하지 않고 자신의 선택에 대한 책임을 강조하기 때문에 직면은 상담과정에서 필수적이고 효과적인 기법이다. 상담자는 내담자를 비판하거나 논쟁하지 않으면서 내담자가 자신의 행동을 탐색하여 효과적인 계획을 수립하도록 한다. 상담자는 내담자가 자신의 욕구 달성과는 불일치한 행동을 할 때 직면을 통해 내담자가 선택한 행동에 대해 책임을 지도록 하고 새로운 계획을 수립하도록 한다. 그러나 사이버상담에서는 직면 기법을 주의해서 사용해야 한다. 문자로 소통하는 과정에서 자칫 비판이나 논쟁의 의도로 전달될 수 있기에 유의해야 한다.

다양한 ICT 기술을 활용한 온라인 심리치료의 적용 사례

■ 웹사이트

Pew Research Center(2002)는 웹으로부터 얻은 정보들이 건강관리와 관련된 의사결정에 영향을 주며, 소비자들에게 많은 정보를 제공하기 때문에 개인의 건강관리 행동을 변화시킬 잠재력을 가지고 있다고 보고했다. 이처럼 많은 사람이 빠르고 쉽게 정보에 접근하는 것을 가능케 하여 행동변화를 이끄는 웹사이트의 장점을 살려 미국재향군인회에서는 재향군인들의 PTSD치료를 위해 인터넷으로 제공되는 8주간의 자기관리형 인지행동치료 프로그램을 개발하였으며(Litz et al., 2007), 9 · 11테러와 이라크, 아프가니스탄 전투에 참여했던 PTSD 환자들을 대상으로 진행된 실험에서 효과성이 검증되었다.

웹사이트의 일반적인 구성은 혼자서 할 수 있는 쌍방향 모듈로 심리교육자료, 영상, 행동활동, 퀴즈, 모니터링, 과제를 포함하여 내담자가 필요로 하는 정보를 원하는 때에 언제든지 얻을 수 있는 내담자 맞춤형으로 제공된다. 치료자와의 접촉 정도는 개입 정도에 따라 이메일, 전화, 혹은 직접적인 만남부터 전혀 만나지 않는 정도까지 다양하다. 많은 대면치료가 온라인 치료로 대체되는 과정에 있으며(Ritterband et al., 2003), 이러한 온라인 치료연구들에서는 대면 치료와 비교하여 비슷한 치료적 효과 및 치료효과의 유지가 입증됨에 따라 온라인 심리치료가 실현 가능하여 효과적이라고 주장한다.

국내의 경우 온라인 장면에서의 상담 및 심리치료 효과성을 살펴보는 논문은 현재 매우 부족하다. 장현아와 안창일(2003)의 연구에서는 사회공포증의 인지행동적 접근의 집단치료를 웹사이트 상담실을 만들어 패쇄 집단으로 운영하였고, 그 결과 사전 대비 사후 평가에서 사회불안수준과 부정적 평가에 대한 두려움, 부정적 자기 개념 등이 유의미하게 감소한 효과가 나타났다고 보고하였다. 또한 양미진 등(2014)은 청소년사이버상담센터에서 웹사이트로 운영하고 있는 단회기 채팅상담의 효과성을 검증하고자 실험집단과 통제집단을 나누어 사전 · 사후 검사에 대한 차이검증 연구를 시도하였다. 그 결과 채팅상담을 받은 집단의 경우 자기 및 타인에 대한 이해 부분이 향상되었고, 자신이 고민하고 있는 문제와 관련된 정보를 획득하였으며, 부정적인 정서가 완화되거나 행동변화에 대한 의지가 강화되는 등으로 유의미한 변화를 나타냈다고 보고하였다.

제3장

사이버상담의 특징과 유형

1. 사이버상담의 특징

사이버상담은 정보통신기술인 컴퓨터나 모바일과 같은 정보 기기를 통해 가상의 공간에서 상담이 이루어진다는 점에서 전통적인 대면상담과는 다른 특징을 갖고 있다. 1990년대부터 청소년사이버상담을 운영했던 한국청소년상담복지개발원(임은미, 김지은, 박승민, 1998)에서는 상담관계 형성, 단회기적 경향성, 익명성, 상호작용 도구로 문자 사용, 상담접근의 용이성, 경제성, 주도성 및 자발성을 주요한 특징으로 보았다.

1) 상담관계 형성과 익명성

상담장면에서는 내담자와 치료자 간의 작업동맹이 중요한 치료적 요인이 된다(Orlinsky, Grawe, & Parks, 1994). 그러므로 사이버상담에서의 상담관계 형성은 어떤 특징을 지니는지 살펴볼 필요가 있다.

상담관계 형성 측면에서 사이버상담은 익명성과 간접성으로 인해 상담자와 내담자 간의 신뢰로운 관계 형성 맺기가 대면상담에서보다는 어려울 수 있다(Herr & Best, 1984). 그러나 익명성과 간접성이라는 측면에서 봤을 때 오히려 상담내용에 집중할 수 있고, 고민을 보다 솔직하고 개방적으로 이야기할 수 있다는 긍정적 특징이 있다(임은미, 2006). 즉, 가상의 공간에 접속한 상태에서는 온라인상에 등록된 정보와 문자로 주고받은 내용으로만 상대방을 알 수 있기 때문이다. 이럴 경우 상담자나 내담자의 사회적 지위나 다양한 편견적 요소가 제거된 상태에서의 익명적 의사소통이 내담자와 상담자 간의 대화에만 집중할 수 있게 하여 오히려 긍정적 영향을 줄 수도 있다(조영신, 1998). 또한 최근에 이루어진 인공지능을 활용한 챗봇 심리상담 연구에서는 실험에 참여한 20대 내담자들이 인공지능 기반 상담사(챗봇)와의 상담에서 상담자가 자신을 평가하지 않을 것이라는 점에서 안심이 되었고, 대화하고 있는 상대방의 감정을 배려할 필요가 없다는 점에서 편안함을 느꼈다는 긍정적 측면을 제시하기도 했다(이아라, 김효창, 차민철, 지용구, 2019). 이와 같은 특징은 상담실을 내방하여 상담자와 직접 대면하기 어려워하는 성향이나 배경(예: 범죄 경력, 성기능장애, 자살과 같은 민감한 고민 등)을 지닌 내담자에게 더욱 편안한 상담환경을 제공할 수 있다는 점에서 상담자와 내담자의 관계형성 단계에서의 완충제 역할이 될 수 있음을 시사한다.

2) 단회기적 경향

사이버상담은 대면상담과 달리 단회기적 상담으로 끝날 수 있다는 특징이 있다. 정기적으로 약속을 잡아서 내방을 해야 하는 대면상담에서는 장기적 상담진행을 할 수 있는 반면, 인터넷을 통해 접속하는 사이버상담 환경에서는 상담자와 특별한 약속을 잡지 않고도 내담자 스스로 접속이 가능한 시간에 언제라도 상담을 신청하여 받을 수 있다. 이러한 특징은 상담자로 하여금 한정된 시간 내에서 내담자의 문제해결에 도움을 주어야 할 것 같은 압박감을 갖게 할 수 있다. 그렇기 때문에 사이버상담자는 단시간 내에 효과적으로 개입할 수 있도록 각종 상담지식과 기법, 이를 활용할 수 있는 응용력 등을 갖출 필요가 있다(임은미 외, 1998). 단회기 사이버상담의 경향성은 다회기로 이루어지는 대면상담의 과정에서 부분적으로 활용할 수 있는 특징이기도 하다. 코로나19와 같은 특정한 상황에서 상담자와 내담자가 대면으로 만나 상담진행이 어려울 경우나 사람과의 직접적 만남에 어려움을 가진 내담자의 경우 상담 회기와 회기 사이의 과정을 사이버상담으로 진행하여 상담관계를 이어 나갈 수 있기 때문이다. 또한 내담자가 지닌 문제나 고민을 일상생활 연습을 통해 습관화하여 극복할 수 있도록 돕는 전략으로도 활용할 수 있다. 예를 들면, 상담실에 내방하는 것보다 내담자가 연습한 상황(예: 다이어트가 필요한 내담자의 건강상태 체크, 불안극복 연습 결과 체크 등)을 특정한 시스템 및 어플리케이션 등의 프로그램을 활용하여 기록해 보게 하거나 기타 다양한 온라인 콘텐츠를 활용하여 정기적으로 상담자와 정보를 공유하고 피드백을 주고받는 등의 매개체로도 활용할 수 있다.

👤 **생각상자**

나만의 아이디어 찾기

사이버상담을 대면상담과 연결하여 활용할 수 있는 상담전략이 있다면 무엇이 있을까요?

★ _____

★ _____

★ _____

3) 상호작용 도구로 문자 사용

상담에서 상담자와 내담자 간의 의사소통을 돕는 것은 바로 대화이다. 이러한 대화의 과정에서 사용되는 도구는 대면상담과는 다른 특징이 있다. 대면상담에서는 목소리를 통해 들려오는 음성적 언어(말), 몸짓, 표정 등이 의사소통의 주요한 도구가 되는 반면, 사이버상담에서는 주로 글자를 통해서 의사소통하게 된다. 가장 많이 사용되고 있는 문자 대화형 사이버상담에서는 글자를 통해 내담자의 감정, 욕구, 상황 등을 파악해야 하고, 상담자가 전달하고자 하는 배려, 경청, 이해, 설명 등도 모두 글자로 이루어지게 된다. 이러한 특징들은 오히려 간단하고 명확한 상담내용을 전달하는 것에서는 매우 효과적일 수 있다(임은미, 2006). 청소년 사이버상담을 시작했던 1990년대 초반에는 상대방의 감정이나 표정, 간략한 글자를 전달하는 데 '통신 언어'가 그 역할을 했었다. 예를 들면, 반갑다는 표현을 '방가'로 줄여서 표현하거나, 키보드에 있는 특수문자를 활용하여 눈웃음(^^), 당황함(--;) 등을 나타냈다. 최근에는 휴대전화 내 소셜미디어 등에 내장된 이모티콘이 다양하여 문자언어가 주류인 채팅상담이나 이메일상담에서도 풍부한 감정표현이 가능해졌다. 그럼에도 불구하고 사이버상담은 내담자가 작성한 내용의 애매한 부분을 추가로 탐색하기가 어렵고, 상담자가 인식한 상태로만 상담에 개입할 수 있다는 한계가 존재한다.

코로나19 현상이 장기화되면서 학교수업도 대부분 비대면으로 이루어질 수밖에 없는 상황이 있었다. 이런 사회적 상황은 사이버상담의 주요 의사소통 도구인 글자를 활용한 교육방법이나 상담지도 방안을 강구하려는 연구를 시도하게 했다. 온라인을 활용한 글쓰기 상담지도 활성화 방안을 연구(김태경, 2021)한 자료에서는 대학교 내 글쓰기클리닉 사례를 분석하여 비대면 글쓰기 상담의 가능성과 효과, 개선 방향 등을 논의한 바 있다. 대학생들은 온라인 비대면상담에 대해 초반에는 편견과 선입견으로 많이 신청하지 않았지만 점차 이용자가 증가하였고, 온라인 비대면상담을 이용한 학생들이 느끼는 만족도는 4.7점(5점 만점)가량으로 나타나 온라인을 활용한 비대면상담의 가능성을 함축적으로 보여 주는 것으로 논의하였다. 이와 같은 연구의 시도들은 점차 빨라지는 정보통신기술의 발달과 전 세계적으로 맞이하게 되는 팬데믹 같은 공통된 사회적 환경 속에서 직접적 대면상담뿐만 아니라 온라인을 활용한 비대면상담을 보다 효과적으로 활용할 수 있도록 미리 준비하고 마련해 두어야 함을 시사하고 있다.

👤 **생각상자**

나만의 느낌 표현해 보기

다음 표현들이 나에게 어떻게 다가오나요? 문자로 표현된 내용을 읽고 자신의 느낌을 적어 보세요.

☞ 상담자: 그러면 그렇게 하지 마세요. ★ _____	☞ 상담자: 그렇군요. 그렇다면 ○○님은 누군가가 ~을 하라고 하면 하고 싶지 않은 마음인가 보군요. 그렇게 시도해 본다면 어떨 것 같으세요? ★ _____

4) 의사소통 방식의 새로운 물결: 인공지능을 활용한 상담 및 심리치료 접근

한편, 인공지능(Artificial Intelligence: AI)의 기술이 발달되면서 최근에는 음성 인식 장치(인공지능 스피커) 등을 활용한 음성 기반 대화형 상담 및 심리치료를 시도하고 있다. 문자로 하는 의사소통이 아닌 사람의 음성을 활용하여 자동화된 기계장치를 통해 대화를 이어갈 수 있게 된 것이다. 코로나19와 같은 비대면 시대가 되어 가면서 점차 ICT기술을 심리상담과 연결하려는 시도들이 이어지고 있고, 이러한 변화는 심리상담이 개인의 일상생활에서 매우 가깝고, 즉각적으로 활용할 수 있도록 도울 수 있을 것이다. 인공지능 기술을 상담 및 심리치료에 적용하려는 시도는 국내뿐만 아니라 국외에서도 활발히 일어나고 있다. 김도연, 조민기, 신희천(2020)은 국외에서 이루어진 인공지능 기술을 활용한 상담 및 심리치료 사례를 소개하였다. 이 연구에서는 챗봇이나 대화형 에이전트와 같은 인공지능 기반 심리치료 사례로 ① 웹기반 심리치료 MOST, ② 모바일 기반 TESS, ③ 대화형 에이전트 WOEBOT, ④ 대화형 인공지능 내담자 CLIENTBOT, ⑤ 가상현실 기반 임상적 면담자 ELLIE를 중심으로 살펴보고 인공지능 상담의 미래 전망 등을 논의하고 있다. 연구자들은 이 연구를 통해 상담 및 심리치료 분야에서 인공지능 기술을 적용하여 인간 상담자가 처리할 수 없는 것들을 지원할 수 있다는 점에서 많은 활용 가능성이 있음을 열어 두었다. 이 사례를 자세히 살펴보면 다음과 같다.

① 웹기반 심리치료 MOST: 웹사이트로 페이스북과 유사한 형태의 대화형 소셜 미디어 플랫폼을 활용한 온라인 사회치료(social therapy) 프로그램
- 프로그램의 이론적 모델: 긍정심리치료의 강점 기반 모델
- 개입 영역
  - 소셜 네트워킹 및 카페 영역: 뉴스피드 게시와 코멘트로 경험을 공유하는 형태
  - 상호작용 치료 모듈(take a step): 심리적 기술들을 연습하고 개발하는 영역
  - 중재자 집단(talk it out) 영역: 문제와 어려움을 토론하면서 도움받는 공간
  - 행동화 프로세스(do it!) 영역: 마음챙김, 자기 연민, 강점 활용 등을

현실에서 적용할 수 있도록 구체적 프로세스를 제공하는 영역

☞ 이용자의 게시물에서 언어분석과 정보를 파악하여 적절한 치료적 제안을 제시한다.

② 모바일 기반 TESS: 정신건강 지원 및 심리교육을 목적으로 개발된 심리학적 인공지능 챗봇

－모바일 기기의 애플리케이션 형태로 서비스 제공, 심리치료의 보조적 수단으로 개발

－정신건강 전문가들에 의해 검증된 치료적 접근법을 중심으로 프로그램 개발

(예) 우울 및 불안 증상 감소에 도움이 되는 CBT, 마음챙김 및 수용전념 치료, 정서 및 해결 중심 치료, 동기 강화 면담 등

③ 대화형 에이전트 WOEBOT: 인지행동치료(CBT) 제공을 위해 구축된 텍스트 기반 대화형 에이전트(conversationl agent)로 상업적 목적으로 개발

－일상적 대화, 기분 추적 기능을 활용하여 CBT의 기본적 원리 및 심리치료의 과정 지향적 특성(공감적 반응, 반영, 테일러링[1], 목표 설정하기, 책임감 촉진, 동기부여, 관여 높이기 등)을 챗봇이 제공할 수 있도록 개발

④ 대화형 인공지능 내담자 CLIENTBOT: 심리치료 및 정신건강 개입에 활용되는 내담자 역할을 하는 챗봇

－특정 행동의 효과적 학습을 위해 개발된 것으로 수퍼비전 장면에서 상담 수련생에게 즉각적이면서 성과에 기반한 피드백을 제공할 수 있는 신경 대화형 에이전트

⑤ 가상현실 기반 임상적 면담자 ELLIE: 가상의 환경을 경험하고 상호작

---

[1] 테일러링(tailoring)이란, 주어진 대상에게 딱 맞게 줄이거나 늘리는 것을 말한다(위키백과, 2021. 11. 6.).

용하는 VR 기반 대화형 에이전트

- ELLIE는 미국 남캘리포니아 대학교(USC)의 창의기술연구소에서 개
발한 프로그램(SimSensei 키오스크) 속에 등장하는 면담자임
- 가상의 상담자와 내담자 간의 상호작용 정보(언어 및 비언어적)를 수
집하여 내담자의 심리적 스트레스 지표를 평가하는 임상적 의사결정
을 보조하는 도구로 개발되었다.

다양한 ICT 기술을 활용한 심리상담 적용 가능성 연구 소개

음성 기반의 대화형 에이전트의 심리상담 활용 가능성에 관한 국내 연구

실험용 인공지능 스피커: 네이버 클로바, KT AI Makers

출처: 김지근, 양현정, 이지원(2021).

김지근 등(2021)은 음성 기반 심리상담 에이전트의 활용 가능성 탐색 연구에서 심리상담
맥락에서의 상담 시나리오를 청년여성, 청년남성, 중년여성, 중년남성의 목소리로 녹음하
여 연구 참여자가 직접 목소리를 선택하게 하고 1회기의 상담을 받도록 하였다. 이를 통해
참여자의 목소리 선택 이유와 상담 성과에 영향을 주는 요소가 무엇인지 등을 분석하였다.
연구 참여자들은 자신이 편안하다고 느끼는 목소리를 선택했고, 이것은 통계적 유의성 없
이 개인적 특성이 고려된 것으로 보았다. 또한 이러한 목소리의 특성이 라포 형성, 상담관
계 촉진에 도움이 된다고 하였다.

5) 접근성과 효율성

사이버상담의 가장 큰 장점이자 특징은 접근성과 효율성을 들 수 있다. 청소년의 경우 상담을 받기 위해 자발적으로 상담실이 위치한 곳까지 찾아 가는 경우보다는 부모나, 교사 등에 의해 비자발적으로 의뢰되는 경우가 많 다. 이에 반해 사이버상담은 비대면, 가상 공간에서의 익명적 만남이라는 특 징 때문에 자신을 밝히지 않고도 고민거리를 말할 수 있어 자발적으로 찾아 온다(임은미, 김지은, 1999). 또한 상담을 받고 싶은 마음은 있으나 상담실이 원거리에 위치하거나 이동할 시간이 없는 경우 치료의 접근성을 높일 수 있 는 상담방법 중 하나가 사이버상담이라 할 수 있다(Knaevelsrud & Maercker, 2010). 한국청소년상담복지개발원에서 운영하고 있는 청소년사이버상담 센터의 상담 건수는 코로나19가 시작된 2020년도가 코로나19 이전 시기인 2019년도에 비해 30.5%가 증가했다고 한다(이상윤, 2021. 5. 3. 부산일보). 이 는 코로나19 이후 집 안에서의 생활이 늘어나면서 대면으로 받았던 상담을 스마트폰 기기나 인터넷 등을 활용하여 손쉽게 상담을 이용할 수 있다는 치 료의 접근성이 반영된 결과일 것이다. 이동훈, 김주연, 김진주(2015)는 온라 인 심리치료의 가능성과 한계에 대한 탐색적 연구에서 온라인 심리치료의 가장 큰 장점을 높은 치료적 접근성으로 보았다. 스마트폰의 보급률이 높아 지면서 실시간으로 관찰하고 피드백을 받을 수 있는 기회가 마련될 수 있어 앞으로는 더 높은 수준의 심리치료를 제공할 기회가 많아질 수 있음을 예견 하였다. 또한 이러한 심리치료의 접근성을 높이기 위해서는 시간적, 공간적, 경제적인 측면에서 효율적이어야 하므로 언제, 어디서나 상담이 가능한 온 라인 심리치료가 그러한 역할이 될 수 있음을 소개하고 있다. 그러나 이러한 장점에도 불구하고 아직까지 국내 온라인상담의 치료적, 방법론적, 기술적, 윤리적, 효과적 측면의 검증에 대한 한계가 있어 이를 앞으로의 과제로 제언 하였다.

2. 사이버상담의 유형

온라인을 기반으로 하는 청소년 사이버상담에는 기본적으로 채팅상담, 이메일 및 게시판 상담이 가장 오래되었으나, 다음과 같이 최근에는 청소년들과 소통하기 용이한 SNS를 활용한 상담 등 ICT 기술력의 변화를 반영한 상담들이 이루어지고 있다.

이번 장에서는 청소년 사이버상담에서 가장 오랫동안 이루어지고 있는 채팅상담, 문자상담, 이메일 · 게시판 상담과 함께 온라인 속 청소년을 직접 찾아가는 상담인 SNS를 활용한 사이버아웃리치 상담에 대해 구체적으로 살펴보고자 한다.

다양한 ICT 기술을 활용한 사이버상담 유형 소개

■ 화상

연구에서는 화상상담이 대면상담만큼 효과적이며 치료를 받는 사람들이 대체로 만족하였다는 결과를 제시하고 있다(Simpson, 2009; Yuen et al., 2010). 화상상담은 대면상담처럼 화상을 통해 내담자의 움직임과 목소리 변화를 통하여 시각적 단서를 얻을 수 있다는 장점이 있지만, 웹캠으로 내담자의 동공 확대나 축소, 미묘한 움직임이나 표정 등을 관찰하는 데 한계가 있다(Yuen et al., 2012).

■ 휴대용 기기

스마트폰 화상상담 기능의 표준화 및 스마트폰 애플리케이션을 통한 셀프 모니터링 혹은 실시간 코칭과 같은 자가치료 프로그램을 제공하는 것이 가능해졌다. 휴대용 기기의 장점은 언제 어디서나 상담서비스를 받을 수 있다는 것이다. 특히 애플리케이션 같은 경우에는 정기적으로 내담자와 연락하고 증상들을 자가진단하고 대처할 수 있는 방법들을 알려주고 내담자의 변화도 확인할 수 있다.

■ **가상현실 VR**

　최근 ICT의 발전과 함께 가상현실을 이용한 온라인 심리치료가 늘어나고 있는 추세이며 이에 따라 PTSD, 비행공포증. 사회공포증과 같은 분야에 가상현실을 이용한 온라인 심리치료가 적용되고 있다.

■ **사이버 CBT프로그램**

　사이버 인지행동치료(CBT)의 효과성이 두드러지면서 자기조력적상담(sdlf−help counseling) 형태의 CBT프로그램의 개발이 활발히 이루어지고 있다. 가벼운 우울감과 불안감을 스스로 관리할 수 있도록 온라인에서 일정한 프로그램을 스스로 참여하는 형태이다. 다만. 심각한 정신적 문제가 아닌 비교적 가벼운 정신건강 문제이거나, 병원치료까지는 아니더라도 심리건강을 위한 개입이 필요한 경우가 해당된다. 시간과 거리상의 문제. 경제적 어려움이 있는 경우 사이버에서 구조화된 온라인 프로그램을 제공받고 심리치료 혜택을 받을 수 있다. 하지만 일주일에 한 회기씩 스스로 참여하지 않으면 프로그램의 최대효과를 확인할 수 없고, 상담자의 적극적인 개입이 부족하기 때문에 참여자의 상태를 파악하고 조절할 수 있는 보완책이 필요하다.

1) 채팅상담

　채팅상담은 대면상담의 대화방식과 가장 유사한 형태로 1:1 실시간 상담으로 이루어진다. 상담자와 내담자가 컴퓨터나 모바일 등의 온라인 매체(예: 카카오톡 상담 등)를 통해 텍스트 중심의 심리상담을 하게 된다. 내담자의 행동, 표정, 어조 등과 같은 비언어적 단서를 파악하기 어려운 언어(문자)로만 소통하기 때문에 내담자의 심층적인 내면을 파악하기 위한 기술과 상담자의 언어반응이 중요하다. 시간과 공간의 제약을 받지 않으며 자신을 알리지 않고 이용할 수 있는 익명성이라는 장점 때문에 내담자 입장에서 편리하게 이용할 수 있다. 통신환경은 무선 와이파이 또는 데이터 사용이 필요하기 때문에 이용자의 정보통신 접근 환경에 따라 비용이 발생할 수 있다.

그림 3-1 청소년사이버상담센터 사이버상담 화면

2) 문자상담

　문자상담은 휴대폰 문자메시지로 상담자와 대화를 주고받으며 상담이 진행된다. 채팅상담과 마찬가지로 상담과정이 문자로만 이루어져 내담자가 원

카카오톡 상담
'청소년상담1338' 채널 추가 후
1:1 카카오톡 상담

문자상담
수신자 번호에 1388 입력 후
고민 전송

그림 3-2 카카오톡 상담 및 문자상담 화면

출처: 청소년사이버상담센터 홈페이지(www.cyber1388.kr).

할 경우 익명성이 유지되는 특성이 있으며 언제 어디서나 상담이 가능하다. 휴대폰 문자 메시지 기능을 사용하여 접근성이 수월하지만 글자 수에 한계가 있고 실시간 집중적으로 심층 상담을 지속하기에도 어려움이 있다. 한편 문자상담 서비스를 이용하는 기관과 단문 또는 장문의 문자 사용 여부에 따라 통신요금이 부과될 수 있어 상담서비스 제공 시 이에 대한 사전 고지가 필요하다.

3) 이메일상담과 게시판상담

(1) 이메일상담

이메일상담은 편지상담 방식을 온라인으로 옮겨 놓은 것으로 내담자의 사연과 상담자의 답장으로 이루어지는 문자 중심의 의사소통 과정이다. 비언어적인 단서 없이 문자를 통해서만 내담자의 문제 상황, 문제의 원인, 위기 정도, 감정 · 인지 상태, 대처방식 등의 정보를 얻을 수 있다. 이와 같은 한계를 극복하기 위해 상담자는 내담자 글을 최대한 정독하는 것이 필요하다.

이메일상담에서 상담자의 답장은 문자 정보로 한정되어 있지만 단락 나누기, 메시지의 분량, 특수문자(^^)와 같은 기호나 이모티콘을 활용한 정서표현 등으로 상담답변이 내담자에게 효과적으로 전달되도록 표현할 수 있다. 또한 약속된 답변 기한이 정해져 있다면, 기한 내에 답변하여 약속을 반드시 지켜 주어 내담자로 하여금 빠른 회신을 받은 것만으로도 위로와 심리적 지지를 받는 안정감을 줄 수 있다.

(2) 게시판상담

게시판상담은 웹사이트에 개설된 게시판상담 기능을 통해 이용자가 글을 작성하고 상담자가 답변을 하여 개입이 이루어지는 상담이다. 이메일상담과 마찬가지로 상담과정이 문자로만 이루어지는 의사소통 형태이며, 내담자가 원할 경우 익명성이 유지될 수 있다. 게시판상담은 웹페이지에서 목록 형태로 보이게 서비스를 제공할 경우, 이용자들이 다른 답변을 참고할 수 있으므로 상담답변이 원활히 이루어지는지 등을 확인하여 웹사이트를 꾸준히 관리할 필요가 있다. 대부분 1회성으로 종결되는 상담이므로, 호소문제의 해결 중심적 개입방향에 초점을 두고 답변이 제공되어야 한다. 그러므로 문제의 명료화와 단회기 상담목표설정을 명확히 하여 내담자가 선택할 수 있는 다양한 대안적 정보를 제공해 주는 답변으로 제공하는 것이 좋다.

4) 사이버아웃리치 상담

사이버아웃리치[2]란 위기청소년을 대상으로 오프라인 공간이 아닌 인터넷 공간에서 위기청소년을 발굴하여, 위기상황(가출 및 성범죄 예방 등)에 따른 고민상담과 긴급구조, 유관기관 연계 등의 서비스를 제공하는 것을 말한다.

사이버아웃리치 상담은 SNS에서 청소년 위기문제와 관련된 단어를 검색(키워드 검색)하여 게시된 위기 글을 탐색하고 SNS 플랫폼에서 제공하는 메신저를 활용하여 채팅상담을 진행한다. SNS는 이용자 간 자유로운 의사소통과 정보 공유 등을 위해 인터넷망에서 사회적 관계를 생성하고 강화시키는 장점이 있다. 즉, 사진이나 글, 동영상을 SNS 계정에 올리면서 자신의 일상과 취미생활을 일면식이 있거나 없는 사람들과 공유하고 소통하는 것으로 활용하게 된다. 이 같은 특징은 SNS가 건강한 소통의 창구가 되기도 하지만, 역기능적으로 청소년들이 범죄의 대상(예: 성매매 대상 등)으로 쉽게 유혹되기도 하고, 올바르지 못한 대처 행동(예: 자해 및 자살 등) 등을 간접 학습하거

---

2) 아웃리치(outreach)란, 청소년이 있는 현장으로 나아가 청소년을 위한 서비스를 제공하는 것을 말한다. 나가서(out) 다가가는 것(reach)이라고 풀이할 수 있으며, 청소년을 위해 아웃리치를 한다는 것은 거리로 나가 청소년에게 다가간다는 것을 뜻한다.

나 모방하여 위기상황에 처하게 되기도 한다.

또 다른 특징으로는 일반적으로 운영되는 온라인상담과 차이가 있다는 점이다. 즉, 청소년이 찾아와서 상담을 받는 것이 아니라 상담자가 청소년을 찾아가서 상담을 제공할 수 있는 적극적 형태의 상담활동이다.

사이버아웃리치는 청소년이 주로 이용하는 SNS(예: 페이스북, 인스타그램 등)를 선정하여 해당 플랫폼에 맞는 아웃리치 활동방법을 구성하여 운영할 필요가 있다.

사이버아웃리치는 전문상담자가 위기로 판단되는 청소년에게 SNS의 메신저 기능을 활용하여 1:1로 개입하는 메신저상담과 위기 청소년들의 이용률이 높을 것으로 예상되는 커뮤니티에서 불특정 다수를 대상으로 홍보활동을 하는 방법으로 구분된다.

메신저상담은 SNS에서 청소년 위기문제와 관련된 단어를 검색(키워드 검색)하여 게시된 위기 글을 탐색하고 SNS 플랫폼에서 제공하는 메신저를 활용하여 채팅상담을 진행한다. 홍보활동은 온라인상담을 제공하는 기관의 서

그림 3-3 사이버아웃리치 화면

비스를 안내하는 내용의 카드뉴스 또는 웹툰의 형태로 콘텐츠를 게시하거나 청소년의 주요 이슈를 콘텐츠로 만들어 온라인캠페인 활동 등으로 수행할 수 있다.

최근에는 메타버스[metaverse; 가상, 초월을 의미하는 '메타(meta)'와 우주를 의미하는 '유니버스(universe)'의 합성어]와 같은 가상세계에 대한 대중의 관심도가 높아지고 있다. 이러한 가상세계에서는 각종 게임, 엔터테인먼트 등 다양한 사업이 이루어진다. 모 대학에서는 세계 최초로 메타버스 입학식을 개최하기도 하였다. 특히, 메타버스는 10대들의 놀이터라고 불릴 만큼 청소년 이용자 비중이 크다. 청소년들이 주로 이용하는 메타버스 플랫폼으로는 로블록스(Roblox), 제페토(Zepeto) 등이 있다. 메타버스 플랫폼 안에서 사이버아웃리치 활동을 수행하기 위해서는 플랫폼의 이용 정책 및 구조 등을 면밀히 파악할 필요가 있다.

SNS의 종류와 기능들이 다채롭고 빠르게 변화하고 있어 이에 맞는 사이버아웃리치 활동을 수행하기 위한 적극적인 온라인 환경에 대한 분석이 우선적으로 이루어질 필요가 있다.

• 제2부 •

청소년 사이버상담의 실제

제4장 사이버상담 상담개입 방법
제5장 사이버상담 사례개념화
제6장 사이버상담 유형별 상담개입 방법

제**4**장

사이버상담 상담개입 방법

　사이버상담은 대면상담 모형을 사이버상에서 유사하게 구현한 형태라고
할 수 있다. 사이버상담에서 상담자와 내담자는 가상공간에서 문자만을 사용
하기 때문에 상담내용에 보다 집중할 수 있으며, 얼굴이나 음성이 노출되지
않는 익명성으로 인해 쉽게 자기개방을 할 수 있고 사이버상담에 직접 접속하
는 자발적 참여라는 점에서 청소년상담에 있어 매우 유용하다. 특히 청소년
들이 일상생활에서 감정의 변화로 어려움을 겪을 때 상담예약 등의 절차 없이
바로 접속해서 상담을 받고 감정이 해소되는 경험을 하기 때문에 청소년의 선
호도 또한 높은 편이다. 청소년은 주로 감정이 고양된 상태에서 사이버상담에
찾아와 상담자가 자신의 마음을 알아주어 이해받고 싶은 마음이며, 답답한
마음을 털어놓고 공감받고 싶어 한다(지승희, 허지은, 오혜영, 2010). 실제로 내
담자에게 사이버상담 이후 도움이 된 부분에 대한 후기를 물으면, 상담자의
진심 어린 공감과 있는 그대로 수용받은 경험을 공통적으로 이야기한다.

1. 언어로 만나는 상호작용의 중요성

사이버공간에서 언어반응은 비언어적인 메시지가 배제된 문자 중심의 상호작용 도구이다. 그러므로 사이버상담에서 문자 중심의 언어반응은 상담과정에서 중요한 부분이라고 할 수 있다.

단회기 채팅상담에서 문제해결을 해 주어야 한다는 부담감을 가진 상담자는 여러 가지 질문이나 조언을 하게 되는데 공감과 위로받기를 원하는 청소년 내담자 입장에서는 취조당하는 듯한 느낌을 받을 수도 있다. 반대로 깊은 우울이나 자살사고 등의 심각한 문제를 호소하는 경우에는 상담자가 생각할 시간이 필요하거나 당황해서 반응을 지연하기도 하고, "그렇군요."와 같은 단순반응만을 보일 때 청소년은 자신에게 무관심하다고 느낄 수도 있다.

문자만으로 공감반응을 전달하고 라포를 형성해야 하는 어려움이 있기 때문에 상담자는 글의 속도, 글의 구조에 따라 내담자의 정서와 욕구, 문제 상황에 대해 알 수 있어야 한다. 대면상담에서 언어로 하는 상담을 유능하게 하는 상담자라도 쓰기가 기본이 되는 채팅상담에서 답변이 느리거나 내담자의 욕구를 파악하지 못해 빗나간 반응을 보일 수 있음을 유의해야 한다. 대면상담에서 크게 영향을 주지 않는 "네." "음." "그렇구나."와 같은 가벼운 격려 반응들이 채팅상담에서는 내담자의 말에 집중하고 귀 기울이고 있다는 것을 전달하는 중요한 반응이 될 수 있다.

2. 채팅상담의 주요 반응 기법

상담자의 개입의 효과를 검증하려는 시도에서 Hill(1978)은 상담자 언어반응 유목체계(Counselor Verbal Response Category System)를 개발하였다. 이는

상담자와 내담자가 통상적으로 상담에서 보이는 반응들을 분류하여 유목화
한 체계이며, 상담자의 반응을 정리하면 다음의 〈표 4-1〉과 같다.

표 4-1　상담자 언어반응 유목체계

	반응	정의
1	가벼운 격려 (minimal encourager)	단순한 동의, 인정, 이해를 지칭하는 짧은 문구를 말한다.
2	시인/안심 (approval-reassurance)	정서적인 지지, 승인 또는 강화를 말하는 것으로 걱정을 덜어 주는 표현을 말한다.
3	정보(information)	사실, 이론, 자료 등의 형태로 정보를 제공하는 것을 말한다.
4	직접적 지시 (direct guidance)	말로 설득하는 것이 아닌, 내담자와 함께 방향을 제안하고 조언하는 것을 말한다.
5	폐쇄질문 (closed question)	이전 내용에 대한 확인을 위해 한두 마디의 대답을 요구하거나 "예." 또는 "아니요."의 대답을 요구하는 질문을 말한다.
6	개방질문 (open question)	내담자의 반응을 의도적으로 "예." "아니요." 또는 한두 마디의 단어로 제한하지 않고 감정을 명료화하거나 그 상황을 탐색하도록 하는 질문이다.
7	재언급(restatement)	내담자의 말에 대해 비슷하거나 간단한 언어로 바꾸어 말하는 것으로, 진술의 의미를 명확하게 하는 것을 말한다.
8	반영(reflection)	내담자의 말과 행동의 전체 상황에 기초하여 메시지 속에 담겨 있는 감정, 정서를 표현하는 것을 말한다.
9	비언어적 행동지적 (nonverval referent)	내담자의 비언어적 행동(몸의 자세, 목소리 톤 또는 음의 고저, 얼굴 표정, 제스처 등)에 대해 지적하거나 질문하는 것을 말한다.
10	해석(interpretation)	내담자가 명확하게 의식하지 못하는 오래된 행동이나 이슈에 의미를 부여하고, 방어, 감정, 저항 또는 전이를 해석하는 것을 말한다.
11	직면(confrontation)	내담자의 말과 행동, 실제와 이상적 자아, 환상과 현실 등의 사이에 있을 수 있는 모순이나 불일치에 대해 표현해 주는 것을 말한다.
12	자기노출 (self-disclose)	상담자가 자신의 개인적인 경험과 감정을 내담자에게 이야기하는 것을 말한다.
13	침묵(silence)	상담자의 말과 말 사이에 5초간의 일시적 중지를 말한다.
14	기타(other)	잡담이나 인사, 날씨나 사건에 대한 이야기와 사회적 대화 또는 내담자에 대한 부인이나 비판 등 분류하기 어려운 말 등이 포함된다.

출처: Hill (1978).

　　지승희, 오혜영, 김경민(2010)은 Russell-Chapin과 Ivey(2004)의 상담면접평정양식(The Counselling Interview Rating Form: CIRF)과 상담자의 언어반응 유목체계를 근거로 단회기 채팅상담의 '시작-진행-마무리' 단계에 따라 19개의 '채팅상담 언어반응'을 구성했다. 사이버상담의 특수성을 고려한 사이버상담의 역할 정의와 기대, 시간 한계와 재방문에 대한 안내 등이 포함되어 있다. 또한 가벼운 격려 반응으로는 채팅상담 문장으로 표현할 수 있는 감탄사와 추임새가 있으며, 이는 내담자의 말을 잘 듣고 이해하고 있음을 의미한다. 즉시성 반응은 내담자 반응에 대한 상담자의 느낌을, 지시 반응에는 가르치기와 정보 제공의 의미를 포함했다. Hill 등(1981)의 상담자 언어반응 유목체계 중 시인/안심의 의미를 반영하여 격려 및 인정 반응을 포함하고, 채팅상담실에서 내담자가 입장할 때 사용하는 닉네임이나 이름을 부를 수 있는 호칭 부르기 반응을 추가하였다. 최종 구성된 채팅상담 반응 목록은 〈표 4-2〉에 제시되어 있다.

　　이자영(2000)은 사이버상담에서 상담자가 대면상담과 마찬가지로 개방질문, 가벼운 격려, 한정질문 등을 주로 사용하였으며 사이버상담 특성상 대면상담에 비해 상담자의 가벼운 격려, 시인 및 안심, 자기노출 반응이 증가했다고 보고하였다. 또한 상담 초기에는 상담자의 시인 및 안심 반응을 많이 할수록 내담자가 지각하는 상담협력관계 중 정서적 유대가 높아지는 결과를 보이는 반면 한정질문은 부정적 영향을 미치는 것으로 나타났다. 이성원(2001)은 상담자가 감정반영과 직면, 개방질문, 해석을 사용했을 때 내담자의 체험수준이 높았음을 보고하였는데, 내담자의 체험수준이란 상담에 대한 몰입, 자기 자각에서의 수준 변화와 같은 질적인 수준 변화를 의미한다.

표 4-2 채팅상담 반응 목록

	반응	정의
1	인사	내담자에게 시작할 때와 마무리할 때 간단하게 인사하는 것
2	역할 정의/기대	상담자의 역할과 상담의 의도, 비밀보장과 한계 정의, 시간의 한계 정의
3	시작하기	내담자에게 면접이 시작될 것임을 알려 주는 개방질문(예: "오늘 무엇을 하고 싶으세요?")
4	호칭 부르기	내담자의 닉네임을 부르는 것(예: "○○님")
5	가벼운 격려	내담자에게 계속하도록 격려하는 말, 고개 끄덕임 또는 "음, 음." 하는 반응 들었다는 것을 알리는 것(예: "에고." "그렇구나." "그래요.")
6	바꾸어 말하기	내담자의 말을 상담자 자신의 말과 견해로 적극적으로 재진술하는 것(예: "당신 어머니가 최근에 돌아가셔서 그립군요.")
7	따라가기	내담자가 면접의 흐름을 주도하도록 상담자의 말과 속도, 문장구조, 어휘, 어투를 일치시킴, 내담자의 말의 방향과 주제를 계속 따라가는 것
8	이끌기	면접의 흐름을 바꿀 필요가 있을 때 상담자가 주도하는 것
9	감정반영	내담자의 감정을 바꾸어 말하는 것(예: "얼마나 슬펐을까.")
10	명료화	내담자의 말을 더 분명하게 이해하고, 표현함으로써 용어의 혼란을 없애는 것
11	요약	당면 과제를 포함한 주제들과 감정을 함께 묶어 주면서 정리하는 것
12	해석	다양한 이론에 근거해 내담자의 관심사에 관한 새로운 참조들을 제시하는 것(예: "어머니의 죽음으로 당신은 혼자 남겨져서 두려워하고 있군요.")
13	개방질문	최대한 많은 정보를 얻기 위해 포괄적으로 질문하는 것(예: 어머니의 무엇이 가장 그립습니까?")
14	폐쇄질문	한정된 양의 정보를 얻기 위한 의도적 질문(예: "어머니가 돌아가셨을 때 당신은 몇 살이었습니까?")
15	격려/인정	긍정적인 메시지를 전달하는 것(예: "참 잘한 거야." "너는 소중한 사람이야." "잘하고 있어." "힘내세요.") 승인 또는 강화를 뜻함(예: "그 일 하기가 힘들겠구나." "자네가 옳아.")
16	즉시성	내담자 또는 상담자와 내담자 간의 역동이나 관찰된 것에 대해 면접을 중단하고 즉각적으로 명료화하는 것(예: "아버지가 언급된 후에 당신은 말을 멈췄어요. 지금 무슨 일이 일어난 거죠?") 내담자의 반응에 대한 상담자의 느낌을 전달하는 것(예: "너의 얘기를 들으니 나도 걱정이 되는구나.")

17	자기노출	내담자를 도울 목적으로 상담자에 대한 적절하고 도움이 되는 정보를 주는 것(예: "아버지가 돌아가셨을 때, 저는 스물한 살이었어요. 나침반이 사라졌고 저는 길을 잃었어요.")
18	직면	내담자의 말, 행동, 생각 간의 모순을 지적하는 것
19	지시	내담자가 취할 행동이나 생각을 상세히 알려 주는 영향을 끼치는 말. 지시, 가르치기, 정보 제공 등(예: "다음에 어머니의 무덤에 갈 때, 당신의 두려움과 외로움을 표현하는 시를 써 보는 게 어떨까요?")

출처: 지승희, 오혜영, 김경민(2010).

3. 채팅상담에서의 효과적인 전달력

지승희, 오혜영, 김경민(2010)의 채팅상담 반응 목록과 함께 상담이 순조롭게 진행된 채팅상담자의 반응 특징을 살펴보면, 가벼운 격려반응이 매우 중요하고 효과적인 것으로 나타났다. 일방적으로 마무리되었던 사례들은 상대적으로 가벼운 격려반응이 적고 질적인 면에서도 차이가 있었던 것으로 나타났다. 상담자의 반응이 없는 침묵은 상담자의 무성의함으로 인식될 수 있기 때문에 가벼운 격려 반응의 적절한 사용은 사이버공간에서 관심을 보여 주는 방법이다.

내담자나 상담자에 의해 상담이 일방적으로 마무리된 경우에는 감정반영은 적고, 탐색을 위한 질문이나 대안 제시 등의 도움을 제공하려는 지시반응이 상대적으로 많은 경향이 있었다. 이는 단회기의 짧은 채팅상담에서도 문제탐색이나 해결을 위한 반응보다는 감정반영과 지지반응이 더 중요할 수 있음을 보여 준다. 하지만 사이버상담에서 상담자는 내담자의 문자에서 나타나는 정보만으로 호소내용을 파악해야 하기 때문에 내담자의 글의 속도, 침묵의 의미, 글의 구조화를 통해 내담자의 정서, 욕구, 호소내용을 파악해야 하며, 이에 따라 상담자는 사이버상담을 위한 교육과 훈련이 필요하다.

　청소년 사이버상담에서 효과적인 채팅상담을 하기 위해서는 상담자의 진실하고 공감적인 언어반응을 전달할 수 있어야 한다(지승희, 허지은, 오혜영, 2010). 구체적으로 자세하게 듣고, 진심으로 반응해 주려면 상담자는 내담자가 왜 그런 말을 하는지, 왜 이런 질문을 하는지에 대해 표현해 주는 것이 필요하다. 사이버상담자는 질문이나 지시, 정보 제공을 하기 전에 상담자의 의도를 정확히 전달할 수 있어야 불필요한 오해를 줄일 수 있다.

제5장

사이버상담 사례개념화

1. 사이버상담에서의 사례개념화

사례개념화는 내담자에 대한 정보를 모아서 조직화하고, 내담자의 상황과 부적응적 패턴을 이해하고 설명하며, 상담을 안내하고 초점을 맞추고, 도전과 장애를 예상하고, 성공적인 종결을 준비하기 위한 방법 및 임상적 전략이다(Sperry & Sperry, 2012/2016). 이렇듯 사례개념화는 내담자와의 상담과정에서 설명력과 예측력을 갖기 때문에 상담 전반에서 상당히 중요한 역할을 한다. 더불어 현대 상담실무에서는 상담사의 책무성이 증가하고 있으며 상담의 과학적 기반을 점차 강조하는 추세이기 때문에 사례개념화가 더욱 강조되고 있다.

일반적 사례개념화는 내담자의 정보가 풍부할수록 내담자 이해가 효과적이다. 이를 위해 임상적 판단을 위한 면담, 심리검사, 진단검사 등을 실시하기도 한다. 그러나 비대면으로 이루어지는 사이버상담에서는 정보수집에 한계가 있기 때문에 대면상담처럼 세밀한 사례개념화가 어렵다. 또한 내담자가 자신을 숨기기 위해 거짓 정보를 알려 주거나 자신의 정보 공개를 꺼린다면 사례개념화는 더욱 어려울 수 있다.

사이버상담은 단회기 상담으로 진행되는 경우가 많아 짧은 시간 내에 내담자에 대한 정보를 얻고 신속히 개입해야 한다. 그렇기 때문에 상담자는 내담자가 공개하는 정보를 바탕으로 내담자에 대한 이미지를 그려야 하고, 이를 최대한 활용하여 사례개념화를 하는 것이 중요하다.

사이버상담에서 사례개념화를 하기 위해서는 기본적으로 내담자의 나이,

표 5-1 사이버상담 사례보고서 양식

상담일시:	상담자:	내담자(닉네임):

1. 내담자의 기본 정보
   -나이:
   -성별:

2. 호소문제
   -

3. 내담자의 배경 정보
   -과거력:
   -가족력:
   -촉발사건:
   -이전상담 경험:

4. 내담자의 강점과 약점
   -강점:
   -약점:

5. 상담을 통해 도움받고 싶은 점
   -

성별, 호소문제나 배경 정보(과거력 등), 내담자의 강점과 약점, 상담을 통해 도움받고 싶은 점 등을 파악할 필요가 있다.

　상담자는 〈표 5-1〉과 같은 정보를 파악하면서 내담자와의 상담 방향성을 설정해야 한다. 내담자가 어떤 고민으로 상담에 들어왔고, 이 문제들이 내담자의 삶에 어떤 영향을 미치며, 상담을 통해 어떤 도움을 받고 싶은지 등을 종합하여 사례개념화를 할 수 있다.

2. 사례개념화 연습하기

예시 사례

※제시된 사례는 실습을 위한 가상의 사례임을 밝힌다.

상담자: 안녕하세요!^^

내담자: 네~ 선생님~ 안녕하세요.

상담자: 네, 반가워요^^ 상담 전 내담자님의 고민을 이해하는 데 도움이 될 수 있도록 나이와 성별을 이야기해 주시겠어요?

내담자: 저는 17살이고 남자예요.

상담자: 오늘은 어떤 고민으로 채팅상담실을 찾아 주었나요?

내담자: 요즘 아빠 때문에 너무 힘들어요.

상담자: 흠, 아빠 때문에 힘들었군요. 무슨 일이 있었던 걸까요?

내담자: 친한 형이랑 저를 비교하는데 그게 너무 심해요. 공부도 못하면서 놀 생각만 하느냐, 공부를 그 형만큼만 하면 소원이 없겠다는 등, 너는 지금 뭐하고 있는 거냐는 등, 툭하면 그 형과 저를 비교해요.

상담자: 아빠가 친한 형과 비교하는 것이 심해 내담자님이 힘들었군요.

내담자: 친구들한테 말하면 그냥 별거 아니라고 생각하는데, 비교당하는 사

람은 진짜 미쳐요.

상담자: 친구들에게도 말해 봤는데 친구들은 별거 아니란 식으로 이야기했군요.

내담자: 하, 말할 데도 없고……. 진짜 너무 답답해요.

상담자: 내담자님도 나름대로 노력하는데 비교당하면 정말 속상하죠. 이렇게라도 이야기하고 싶어 찾아 주었군요.

내담자: 네…….

상담자: 잘 왔어요. 내담자님의 속상한 마음을 좀 더 이야기해 볼래요?

내담자: 저희 가족이랑 어렸을 때부터 친한 가족이 있어요. 부모님끼리 친하시고 저희는 따라다니면서 친해졌어요, 1년에 2~3번은 꼭 같이 여행 가고 그러는데.

상담자: 서로 친한 가족이 있어 잘 어울렸군요.

내담자: 네……. ○○형이라고 저랑 두 살 차이 나는 형이 있거든요. 아빠가 그 형이랑 비교해요.

상담자: 아~ ○○형과 내담자님을 아빠가 비교하시는 거군요.

내담자: 네……. ○○형은 저도 좋아하는데요. 진짜 괜찮아요.

상담자: 내담자님이 봐도 괜찮은 형이군요.

내담자: 성격도 좋고 저랑 말도 잘 통하고, 근데 아빠가 자꾸 비교를 하니까. 그런 사람 있잖아요. 그냥 완전 다른 사람? 넘사벽?

상담자: 그러게요. 잘 지내고 좋은 형에게 내담자님도 좋은 영향을 받고 있었을 텐데.

내담자: 네! 제 말이요. 그 형은 그냥 어렸을 때부터 진짜 똑똑하고 피지컬도 좋고. 아무튼 진짜 멋있어요.

상담자: 각자 개성이 다른 건데……. 안 그래도 내담자님도 부럽기도 했을지 모르는데 거기다 아빠가 비교까지 하면 내담자님이 더 속상하죠.

내담자: 그 형은 사람들이 다 좋아해요

상담자: 그 형은 누구와도 비교 대상이 아닌 것처럼 내담자님에게는 생각이
　　　　되나 봐요.

내담자: 비교도 비슷한 사람이랑 하면 '아, 내가 더 열심히 해서 이겨야지.'
　　　　이런 생각을 할 수도 있잖아요? 그런데 이건 뭐 동기부여나 의욕이
　　　　아니라…….

상담자: 아아, 그렇게 이야기해 주니 더 쉽게 이해가 되네요.

내담자: 아무튼 그냥 스트레스만 받고. 그냥 내가 못해서 스트레스를 받는
　　　　게 아니라 그런 말 듣는 것 자체가 짜증 나요.

상담자: 그죠. 그냥 그 형의 좋은 점만 이야기하면 괜찮지만 그것을 내담자
　　　　님과 비교하면 그만큼 기분이 상하죠. 그 이야기를 그동안 어떻게
　　　　참고 지냈어요?

내담자: 그냥 쌤한테 말한 거랑 비슷하게 아빠한테도 말했어요. ㅋㅋㅋ 비
　　　　교할 사람이랑 비교해라.

상담자: 아빠는 어떤 반응이셨어요?

내담자: 열심히 하면 된다고 하는데, 그냥……. 잘 모르겠어요. 왜 그러는
　　　　건지.

상담자: 그냥 내담자님이 좀 더 잘되었으면 좋겠다는 마음일 텐데 비교를
　　　　하다 보니 그 마음은 전달이 안 되고 내담자님의 마음만 상하는 것
　　　　같아요.

내담자: 네, 저도 그런 마음을 알겠는데 쌤 말처럼 전달하는 방식이 너무 그
　　　　래요.

상담자: 그죠. 내담자님은 아빠가 어떻게 이야기해 줬으면 좋겠어요?

내담자: 그냥 열심히 하라고 말하는 건 좋은데 다른 사람이랑 비교하면서
　　　　하는 게 아니라 그냥 "열심히 해라." "힘내라." 뭐 그렇게 말하면 좋
　　　　잖아요.

상담자: 비교하는 말 대신에 "열심히 하자. 힘들지? 힘내." 이런 말이면 좋

을 텐데 아빠는 비교를 해야 내담자님이 자극받는다고 오해하셨
나 봐요.

내담자: 네, 그런 듯해요.

상담자: 그럼 아빠에게 만약 내담자님이 알려 드린다면 아빠가 혹시 바꿔
보려고 하실까요?

내담자: 솔직히 잘 모르겠어요. 괜히 싸우는 건 아닐지.

상담자: 음, 우리가 말을 전달할 때 말의 내용과 함께 태도나 어투도 참 중
요한 것 같아요. 마음은 안 그런데 태도나 어투 때문에 오히려 마
음 전달이 더 안 되더라고요. 그래서 어떤 책에서는 이렇게 이야기
하길 권하더라고요. '아빠가 나에게 하는 상황 → 그때 내가 느끼는
감정 → 아빠가 나에게 어떻게 해 줬으면 하는 바람' 이렇게 이야기
하더라고요.

내담자: 상황-감정-바람?

상담자: 맞아요. 내담자님은 정리를 참 잘하시네요.

내담자: 캬, 감사합니다^^

상담자: 이렇게 잘하는 것도 많은데, 아빠가 그걸 알아주심 내담자님도 더
으쓱으쓱해질 텐데.

내담자: 그러게요. 알려 주신 순서대로 한번 생각해 볼게요.

상담자: 상황 앞에 '나는'이라는 걸 붙여 주세요. 그럼 아빠 때문이 아닌 내
가 느끼는 것을 이야기하기 때문에 듣는 사람이 덜 방어적일 수 있
어요.

내담자: 나는 아빠가 형이랑 나를 비교할 때(상황)

내담자: 조금 위축되는 느낌이 들어 스트레스도 받고(감정)

내담자: 잘하라고 그런다는 건 아는데 비교하지 말고 그냥 응원해 주면 좋
을 것 같아(바람).

상담자: 와~~ 역시 내담자님은 정리를 잘하네요^^

내담자: 아빠한테는 닭살 돋아서 저렇게까지는 말 못 하겠지만 아무튼 잘 생각해 봐야 할 것 같아요.

상담자: 네네, 잘하실 거 같아요.

내담자: 저렇게 포맷을 주시니까 좋은 것 같아요.

상담자: 네, 서로가 이렇게 소통하면 그 마음이 더 잘 전달될 것 같아요.

내담자: 고맙습니다 ㅜ.ㅜ

상담자: '나 전달법'이라는 건데 혹시 더 알고 싶다면 포털 사이트에서 '나 전달법' 이렇게 검색하면 여러 예시들도 있을 거예요. 도움이 되셨으면 해요.

내담자: 오늘 제 불평 들어주서서 고맙습니다. 저는 쌤이 제 불평을 친절하게 들어주서서 기분이 정말로 좋았어요. 쌤이 알려 주신 '나 전달법' 꼭 시도해 볼게요.

상담자: 네, 저도 내담자님과 이렇게 이야기할 수 있어서 좋았고 이렇게 대화가 통해서 저도 좋은 시간이었답니다. ^^

내담자: 감사합니다. ^^

상담자: 그래요. 잘 이야기해 보고 언제든지 얘기하고 싶거나 도움이 필요하면 다시 들어오세요!

내담자: 네~ 가볼게요. ^^

상담자: 안녕히 가세요. ^^

앞에서 배운 사이버상담에서의 사례개념화 내용을 토대로 내담자 정보파악과 사례개념화를 정리해 보고, 다음의 예시에 제시된 답변과 비교해 보세요.

[실습] 사이버상담 사례보고서

상담일시: 2022. . .	상담자: 김○○	내담자(닉네임): 내담자

1. 내담자의 기본 정보

    -나이:

    -성별:

2. 호소문제

    -

3. 내담자의 배경 정보

    -과거력:

    -가족력:

    -촉발사건:

    -이전상담 경험:

4. 내담자의 강점과 약점

    -강점:

    -약점:

5. 상담을 통해 도움받고 싶은 점

    -

[실습] 사례개념화

실습사례에 대한 사례개념화 작성 예시

[예시] 사이버상담 사례보고서

상담일시: 2022. . .	상담자: 김○○	내담자(닉네임): 내담자

1. 내담자의 기본 정보
    - 나이: 17세
    - 성별: 남

2. 호소문제
    - 친한 형과 자신을 비교하는 부(父)의 언행으로 인해 스트레스를 받고 짜증 남

3. 내담자의 배경 정보
    - 과거력: 파악하지 못함
    - 가족력: 내담자의 가족과 친한 형의 가족은 이전부터 알고 지낸 관계로 1년에 2~3년 여행을 같이 다닐 정도로 가까운 사이임
    - 촉발사건: 부가 내담자에게 "공부도 못하면서 놀 생각만 하느냐." "공부를 그 형만 큼만 하면 소원이 없겠다." "너는 지금 뭐하고 있는 거냐."와 같이 친한 형과 내담자를 비교하는 발언을 함
    - 이전 상담 경험: 파악하지 못함

4. 내담자의 강점과 약점
    - 강점:
        - 내담자는 상담과정에서 솔직하게 자신의 이야기를 할 줄 앎
        - 상담자와 원만하게 상호작용하여 관계 형성함
        - 자신이 처한 상황에 대해 해결하고 싶은 의지가 높고 상담자의 조언을 잘 받아들임
    - 약점:
        - 주변인 중 내담자의 마음을 공감해 줄 만한 지지체계가 없음
        - 부의 비교

5. 상담을 통해 도움받고 싶은 점

-자신의 고민을 누군가에게 털어놓고 싶음

-부로부터 받는 스트레스를 해결할 수 있는 방법을 찾고 싶음

[실습] 사례개념화

내담자(남, 17세)는 친한 형과 자신을 비교하는 부의 언행으로 인해 스트레스를 받고 있는 상태이며, 이를 누군가에게 털어놓고 해결할 수 있는 방법을 찾고자 채팅상담실을 방문하였다. 비교되는 형은 오랜 기간 알고 지낸 지인이며 가족들과도 다 알고 지내는 가까운 관계이다. 부는 내담자와 친한 형을 비교하며 내담자를 깎아내리는 말로 내담자의 부정적 정서(화, 짜증 등)를 불러일으키고 있다. 내담자와의 부정적인 정서를 감소시키고 문제 상황을 해결하기 위해 내담자에게 상담자의 공감과 지지를 제공하고, 부에게 자신의 감정을 올바르게 전달할 수 있는 방법을 알려 줄 필요가 있다.

제6장

사이버상담 유형별 상담개입 방법

　사이버상담은 대면상담과 마찬가지로 상담의 기능에 따라 다양한 상담유형이 있다. 크게 실시간 상담과 비실시간 상담 두 가지로 구분해 볼 수 있다. 실시간 상담에는 대면상담과 유사한 1:1 상담으로 채팅상담, 문자상담, 화상상담 등이 속한다. 비실시간 상담은 일정한 시간 간격을 두고 이루어지는 것으로 게시판상담, 이메일상담 등이 이에 속한다. 최근 코로나19의 확산과 같은 재난으로 인해 대면상담이 불가능한 상황에서 비대면으로 이루어지는 채팅상담, 화상상담의 수요가 증가하였으며 상담기관에서도 이러한 상담 시스템을 갖추기 위한 시도가 활발히 이루어지고 있다. 상담진행은 대면상담과 사이버상담을 함께 진행하기도 하고 호소문제에 따라 회기 수를 정하고 상담을 진행할 수도 있다.

　사이버상담은 일상적인 고민부터 위기상담에 이르기까지 다양한 문제에 대한 상담이 가능하며, 단회기상담을 기본 전제로 진행한다. 채팅상담과 게시판상담은 단회기상담으로 이루어지는 대표적인 사이버상담의 방식이다.

1. 채팅상담 개입방법

채팅상담은 사이버 매체를 활용한 대면상담과 가장 유사한 형태의 상담방법이다. 사이버상담에서도 대면상담과 같이 정기적인 상담을 진행할 수 있지만 누구든지 언제나 들어와서 상담을 할 수 있는 온라인 시스템에서는 대부분 단회기로 끝나는 경우가 많다. 채팅상담 과정은 제한된 시간 안에 효과적인 상담을 하기 위해 크게 5단계로 이루어지는데, 도입 단계, 내담자 파악 단계, 상담목표 설정 단계, 행동 평가 및 계획 단계, 마무리 단계로 진행된다. 즉, 내담자의 호소문제를 파악하여 내담자와 합의를 통해 도움받고자 하는 상담목표를 정하고, 내담자의 발달특성을 고려한 대안을 제시하는 큰 흐름으로 볼 수 있다. 내담자의 호소문제에 따라 다음의 [그림 6-1]과 같이 단계별로 유연하게 개입할 수 있다. 단순히 누군가에게 이야기를 털어놓고 싶은 마음으로 방문했다면 경청과 공감만으로도 도움을 줄 수 있으나, 단회기로 마무리되는 사이버상담에서는 채팅상담 모형 단계를 기본으로 상담을 구조화하는 것이 보다 효과적인 도움을 줄 수 있다.

채팅상담 상담 모형에 따라 상담을 진행하기 위해 다음의 실습용 사례를 참고하여 단계별로 상담자 반응을 연습해 볼 수 있도록 제시하였다. 채팅상담 개입 단계별로 상담자 반응을 직접 글로 써 보고 나서 제시된 예시 반응과 배교해 보면서 활용할 수 있도록 구성되었다.

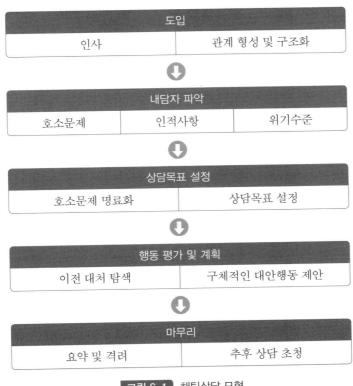

그림 6-1 채팅상담 모형

청소년 사이버상담 실습용 사례

※ 다음의 사례는 청소년 사이버상담 유형 중 가장 높은 비율을 차지하는 경우를 재구성한 사례이다.

◎ 내담자의 기본 정보: 비회원 또는 닉네임을 활용하여 온라인 상담실에 접속하여 "18세, 여"라는 기록정보만 파악됨

◎ 주요 호소문제: 중학교 때 따돌림 피해 경험으로 심한 우울감을 겪었고, 현재 약물 치료 중이지만 괴로울 때면 자해를 하기도 하고 자살충동을 느끼기도 함

1) 도입 단계

(1) 인사

상담자는 내담자가 채팅상담실에 입장하면 환영하며 반갑게 맞이할 수 있도록 빠르게 첫인사를 건넨다. 채팅상담이 처음이거나 상담을 어떻게 시작해야 할지 모르는 내담자에게 편안하고 안정감을 줄 수 있도록 하는 것이 중요하며, 이 단계에서는 내담자의 관계형성에 영향을 줄 수 있다는 점을 고려해야 한다. 채팅상담 화면에서 내담자가 입장하자마자 바로 응답하기 위해서는 채팅방 화면을 지속적으로 주시하고 내담자를 기다려야 한다. 하지만 5~10초 이상 상담자의 응답이 없다면 내담자는 환영받지 못한다는 생각이 들 수도 있고, 사이버상담에 대한 신뢰가 떨어지는 원인이 될 수도 있다. 사이버상담을 지속할 것인지 말 것인지에 대한 주도권은 내담자에게 있기 때문에 신뢰가 가지 않는 첫인상으로 채팅상담에서 접속을 끊고 나가게 될 수

[실습] 반응 연습해 보기

◈ ○○○ 내담자가 입장(접속)했습니다.

상담자: ＿＿＿＿＿＿＿＿＿＿＿

내담자: 안녕하세요.

상담자: ＿＿＿＿＿＿＿＿＿＿＿

예시 반응

상담자: 안녕하세요!^^

내담자: 안녕하세요.

상담자: 네, 만나서 반가워요! 어서 오세요. ^^

도 있다. 그렇기 때문에 내담자가 입장하는 신호로 알림음 또는 입장 화면의 변화 등을 활용해서 신속하게 대응할 수 있도록 함으로써 상담이 시작되었음을 알리고 접속한 내담자를 환영하는 의미를 부여할 수 있다.

이모티콘 사용에 있어서 일부 내담자의 경우 본인의 현재 기분상태와 맞지 않는 이모티콘(글기호)에 대해 예민하게 반응할 수 있으므로 주의할 필요가 있다. 예를 들어, "안녕하세요……." 혹은 "안녕하세요~" 등과 같이 말줄임표나 물결 표시를 하게 될 때 내담자 입장에서 상담자가 상담을 할 의지가 없게 느껴져 '내 고민을 이 상담자에게 말을 해도 될까?' 또는 상담자가 맞는지, 전문적인 자격을 갖춘 상담자인지에 대해 의문을 갖게 될 수도 있다. "안녕하세요." 이후에 "어서 오세요." 등의 환영하는 인사를 통해서 내담자가 이곳이 안전하고 자신이 가진 고민을 얘기할 수 있겠다는 편안한 마음이 들 수 있도록 추가적인 표현을 한다면 도움이 될 수 있다.

(2) 관계 형성 및 구조화

채팅상담에서는 대면상담과는 달리 가벼운 이야기로 관계 형성할 여유가 없을 때가 대부분이다. 사이버공간에서 문자(텍스트)로 이루어지는 상담의 특성상 한두 마디 말로 첫인상이 결정되는 경우가 많기 때문이다. 그러므로 따뜻한 첫인사와 함께 채팅상담실 이용시간과 이용방법에 대해 간단히 소개하여 내담자를 채팅상담 환경에 적응할 수 있도록 한다.

[실습] 반응 연습해 보기

◈ 인사 이후

상담자: 네, 만나서 반가워요! 어서 오세요. ^^

내담자: _____

상담자: _____

내담자: _____

상담자: _____

예시 반응

◈ 인사 이후

상담자: 네, 만나서 반가워요! 어서 오세요. ^^

내담자: 네.

상담자: 내담자님, 혹시 채팅상담실은 처음이신가요?

내담자: 네.

상담자: 네, 그렇군요. 저희 채팅상담실에서는 자신이 고민하고 있는 점에 대해 함께 이야기할 수 있고,

상담자: 상담은 20~30분 정도 이용할 수 있어요. 단, 필요시 상담시간은 연장될 수 있어요.

상담자: 혹시 채팅상담을 시작하기에 앞서 궁금한 점이 있으세요?

앞의 예시 반응처럼 채팅상담 답변 시 많은 문장을 한꺼번에 작성하지 않고 서너 어절씩 끊어서 답변을 보낸다. 상담자가 답변을 작성하는 동안 내담자는 기다리고 있기 때문에 한꺼번에 많은 문장을 작성하지 않고 나눠서 보낼 때 내담자는 상담자가 응답하고 있는 중으로 인식하고 기다릴 수 있다.

채팅상담 운영기관에 따라 닉네임을 설정하기도 하고 비회원으로 입장하여 임의 숫자를 부여할 수도 있다. 또한 회원가입을 해야만 채팅상담을 이용할 수 있는 경우에는 실명으로 가입하여도 닉네임 설정으로 이름을 보이지 않게 선택할 수 있다. 사이버상담 특성상 자신을 밝히기를 원하지 않는 내담자의 경우 닉네임이나 이름을 부를 때 당황스러워할 수 있다. 따라서 심리적으로 안전한 환경을 조성하기 위해 내담자가 원하는 호칭을 물어볼 수 있다.

예시 반응

상담자: 혹시 상담 중에 제가 불러 드렸으면 하는 호칭이 있나요?

2) 내담자 파악 단계

(1) 호소문제

① 상담 시작하기

내담자가 채팅상담실에 처음 방문하거나 어떻게 시작해야 할지 몰라 당황할 수 있다. 첫인사와 환영의 말을 한 후 내담자가 고민을 이야기할 수 있도록 질문을 통해 이끌어 줌으로써 상담에 집중할 수 있도록 도와준다.

[실습] 반응 연습해 보기

◆ 구조화 이후

상담자: _____

내담자: _____

상담자: _____

> 상담자: 어떤 고민으로 채팅상담실을 방문해 주셨나요?
> (또는) • 오늘은 어떤 고민에 대해 이야기를 나누어 볼까요?
>   • 고민이 있으시면 편안하게 이야기해 주세요.
> 내담자: 학교 다니기가 너무 힘들고 우울해서요…….
> 상담자: 학교생활의 어려움으로 방문해 주셨네요.
> (또는) • 학교생활이 어렵고 우울해서 찾아 주셨군요.

② 상담을 통해 해결하고 싶은 내용 파악

채팅상담실을 방문할 때 어떤 고민으로 방문했는지를 파악하고, 표면적인 내용뿐만 아니라 내담자의 심리적 이면에서 원하는 것이 무엇인지에 대해서도 빠르게 파악해야 한다. 채팅상담실을 이용하는 대부분의 내담자는 감정적 해소, 즉각적인 문제해결 등 분명한 요구가 있기 때문에 상담자는 내담자의 반응에 대한 재진술, 감정의 반영, 요약 정리 등을 통해 내담자가 원하는 것을 이해하도록 노력한다.

> 상담자: 학교에서 힘든 일을 겪고 있는 것 같네요.
> 내담자: 중학교 때 따돌림을 당한 적이 있었는데 고등학교 올라와서도 계속 혼자 된 느낌이 들고 우울해요.
> 상담자: 내담자님의 이야기를 들어보니 중학교 때 따돌림 경험으로 지금도 학교생활이 힘들군요.
> 내담자: 네~ 같이 다니는 친구가 있긴 한데, 얘도 저를 버릴까 봐 불안해요.

♠ 활용 TIP

- 호소내용을 듣고 난 이후 "상담에서 어떤 도움을 받고 싶으신가요?"라고 묻는다면, 힘든 점에 대해 얘기한 내담자를 당혹스럽게 하고 신뢰를 떨어뜨릴 수 있다. 상담에서 해결하고자 하는 부분을 파악할 때는 내담자의 호소문제를 듣고 그 내용을 요약 정리하면서도 내담자의 이면에 있는 원하는 바가 무엇인지 염두에 두어야 한다.
- 내담자의 바람을 명확하게 파악하는 것은 상담목표와 연결되는 부분이기 때문에 텍스트에서 드러나는 호소내용을 명료화하는 것이 중요하다.

(2) 인적사항

보다 정확한 내담자 이해를 위해 내담자의 성별과 나이를 질문함으로써 발달단계에 따라 개입할 수 있게 된다. 호소내용을 들은 후 자연스럽게 질문하는 것이 좋다.

예시 반응

상담자: 친구와 함께 있어도 또다시 관계가 안 좋아질까 봐 불안한 마음으로 힘든 상황이군요.

상담자: 상황을 더 잘 이해하고 도움을 주고 싶은데 내담자님의 나이와 성별이 어떻게 되나요?
(또는) 내담자님의 상황을 이해하는 데 도움이 되기 위해 나이와 성별을 이야기해 줄 수 있나요?

(3) 위기수준 파악

내담자의 호소내용 파악 후 위기수준에 따라 고위기 청소년에게는 즉각적인 위기개입을 제공하고, 중·저위기 청소년에게는 문제 예방 및 해결을 위한 정보 제공과 관련 기관의 연계를 통해 위기청소년에게 도움을 줄 수 있다.

상담자가 구체적으로 질문해야 할 인적사항은 상담의 목적과 내담자 문제 특성에 따라 달라질 수 있다. 추가적인 인적사항을 질문할 때는 정보를 얻고자 하는 이유에 대해 설명해 주는 것이 필요하다. 위기개입을 위해 위기 정도에 따라 학교, 가족관계, 거주지, 연락처 등에 대해 요청할 수 있다. 위기개입에 대한 자세한 내용은 제7장에서 다루는 '위기문제별 사이버상담 개입전략'에서 살펴볼 수 있다.

3) 상담목표 설정 단계

(1) 호소문제 명료화

내담자가 겪는 어려움에 대해 최근에 일어났던 일이 무엇인지 질문하여 호소문제를 구체화한다. 내담자의 반응에 대해 가벼운 격려, 감정 반영 등으

[실습] 반응 연습해 보기

◈ 구조화 이후

내담자: 저는 18세 여자고요. 고등학생이에요.

상담자: _____

상담자: _____

예시 반응

내담자: 저는 18세 여자고요. 고등학생이에요.

상담자: 네, 알려 주셔서 감사해요.

상담자: 최근에 학교생활은 어땠는지 자세히 이야기해 줄 수 있을까요?

(또는) 혼자 남겨지게 될까 봐 불안함을 느끼고 있는 것 같은데, 최근에 일어난 일에 대해서 좀 더 자세히 이야기해 줄 수 있을까요?

로 구체적 내용을 말할 수 있도록 촉진한다.

　채팅상담에서는 내담자의 호소문제를 정확하고 빠르게 파악할 수 있어야 핵심문제에 접근하여 상담목표와 연결 지을 수 있다. 이를 위해서 상담자는 요약, 바꾸어 말하기, 명료화 등을 통해 내담자의 핵심내용을 파악해야 한다.

♠ 활용 TIP

- **바꾸어 말하기**: 내담자가 말한 것을 상담자 자신의 말로 표현해 주어 내담자의 입장을 이해하고자 노력하고 있음을 알려 주게 되고 내담자가 한 말을 간략하게 반복함으로써 상담자가 제대로 이해하고 있는지 확인할 수 있다.
  - 내담자: 엄마는 잘 대해 주시다가도 자기 기분이 좋지 않으면 소리 지르면서 잔소리를 너무 심하게 하세요.
  - 상담자: 내담자님의 어머님이 일관되지 않은 행동을 보이고 있네요.
- **따라가기**: 내담자가 면접의 흐름을 주도하도록 상담자의 말과 속도, 문장구조, 어휘, 어투를 일치함으로써 내담자의 주제에 따라가는 것을 말한다.
  - 내담자: 친구들이 방학 동안 저만 빼고 메신저로 얘기하고 만났더라고요. ㅠㅠ
  - 상담자: 내담자님만 빼고 만났다고요? ㅠㅠ
- **명료화**: 내담자가 한 말 중에서 모호한 점을 분명하게 이해함으로써 혼란을 없애 주는 것이다. 내담자의 말이 모호하거나 잘 이해되지 않았음을 밝히고, 구체적인 예를 들어 명확히 해 줄 것을 요청하는 것이다. 상담자의 반응이 개인적인 반응이 되지 않도록 주의하며 내담자와 상담자 모두 확실하게 이해할 수 있도록 하는 방법이다.
  - 내담자: 계획대로 못 하고 똑같은 문제가 반복되니까 제 자신이 너무 한심해요. 제가 정신 좀 차리게 해 주세요.
  - 상담자: 정신 차리게 해 달라는 말은 내담자님이 계획한 것을 지키고 자신이 해야 할 것을 할 수 있도록 도움이 필요하다는 말로 들리네요.
- **요약**: 내담자가 길게 얘기한 여러 가지 생각과 감정을 간략하게 묶어 정리하는 것으로 상담의 중간이나 끝부분에 사용할 수 있다.
  - 상담자: 오늘 이야기한 것을 한번 정리해 볼까요?

- **해석**: 내담자의 말과 행동의 이유에 대해 다양한 이론에 근거해 상담자의 가설을 제시하거나 내담자의 행동에 대해 새로운 이해의 틀을 제공하는 것이다.
  - 상담자: 내담자님은 실패할까 봐 두렵다고 했는데, 이것은 어머니를 실망시키지 않고 기쁘게 해 드려야 하는 것과 어떤 관련이 있는 것 같은데요.
- **즉시성**: 내담자 또는 상담자와 내담자 간의 역동이나 관찰된 것에 대해 면접을 중단하고 즉각적으로 명료화하는 것이다.
  - 상담자: 아버지에 대해서 언급한 후에 내담자님이 말을 멈췄어요. 지금 내담자님 마음이 어떤가요?
- **직면**: 내담자의 말, 행동, 감정이나 태도가 모순되고 불일치할 때 이를 깨닫도록 하는 방법이다.
  - 상담자: 내담자님이 잘못을 따지고 싶다고 했지만, 이야기를 들어보니 그 친구와 관계를 회복하고 싶은 것처럼 보이네요.

(2) 상담목표 설정

상담자는 내담자의 호소문제를 구체화한 후, 채팅상담에서 다룰 수 있는 주제에 대해 제시하고 내담자와 합의하여 결정한다. 채팅상담은 내담자가 다음에 다시 방문할지 여부를 알 수가 없는 단회기상담이기 때문에 구체적이고 현실 가능한 목표를 설정하는 것이 필요하다. 내담자가 시도할 수 있는 실천 가능한 목표로 설정할 수 있어야 한다.

채팅상담에서 내담자와 목표를 합의하는 과정은 호소문제를 명료화하는 과정부터 시작된다. 즉, 상담자가 내담자의 호소문제의 핵심과 욕구를 빠르게 파악하고, 그에 대한 내용을 충분히 다룰수록 상담목표 설정에서 내담자의 동의는 자연스럽게 얻을 수 있다.

[실습] 반응 연습해 보기

내담자: 따돌림 경험 때문에 지금 친구가 저 말고 다른 아이들이랑 있으면 너무
        불안해져요.
내담자: 혼자 집에 와서는 너무 외롭다는 생각에 마음이 괴로워요.
상담자: _____
상담자: _____

예시 반응

내담자: 따돌림 경험 때문에 지금 친구가 저 말고 다른 아이들이랑 있으면 너무
        불안해져요.
내담자: 혼자 집에 와서는 너무 외롭다는 생각에 마음이 괴로워요.
상담자: 친구와의 관계에서 편안함 마음을 갖고 싶은데 뜻대로 되지 않아 속상
        할 것 같아요.
상담자: 친구와 있을 때 내담자님이 어떻게 다르게 대하면 좋을까요?
        (또는) 내담자님은 오늘 상담에서 어떤 기대가 있을까요?
        (또는) 중학교 때 좋지 않은 경험으로 지금도 친구관계에서 어려움을
        느끼고 불안한 생각이 들어 마음이 괴로운 것 같아요. 오늘 채팅상담에
        서 불안한 생각이 들 때 해 볼 수 있는 방법에 대해 나눠 볼까요?

또 다른 예외의 경우로 채팅상담 특성상 내담자가 하고 싶은 다른 주제의
이야기를 나열하는 경우도 있는데 이때는 먼저 경청 후 내담자가 어떤 도움
이 필요한지 재질문하여 설정할 수도 있다.

[실습] 반응 연습해 보기

상담자: 친구관계를 잘하고 싶은 마음이 있는데 뜻대로 되지 않아 속상할 것 같아요.

상담자: 불안한 마음이 들 때 내담자님이 어떻게 다르게 행동하면 좋을까요?

내담자: 글쎄요. 잘 모르겠어요. 그냥 내 인생이 망했다는 생각밖에 안 들고 그런 생각이 들면 가슴이 너무너무 답답해져요.

상담자: _____

예시 반응

상담자: 친구관계를 잘하고 싶은 마음이 있는데 뜻대로 되지 않아 속상할 것 같아요.

상담자: 불안한 마음이 들 때 내담자님이 어떻게 다르게 행동하면 좋을까요?

내담자: 글쎄요. 잘 모르겠어요. 그냥 내 인생이 망했다는 생각밖에 안 들고 그런 생각이 들면 가슴이 너무너무 답답해져요.

상담자: 부정적인 생각이 자신도 모르게 떠오르게 되면서 친구관계에서도 어려움을 느끼고 있는 것 같아요.

상담자: 한 번의 채팅상담으로 부정적인 생각이 사라지긴 어렵겠지만 안 좋은 생각이 들 때 해 볼 수 있는 방법들에 대해서 이야기해 보면 어떨까요?

채팅상담을 이용하는 내담자 중에서는 감정적으로 매우 고조되어 어떤 방법으로든 말로 감정을 해소하고자 들어오는 내담자들이 있다. 이들은 채팅상담을 통해서 뚜렷한 해결책을 얻는 것보다는 현재 고조된 감정을 해결하고자 한다. 이들의 이러한 행동은 감정해소를 위해 나름의 대처방법을 사용하는 긍정적인 모습으로 볼 수 있으며, 채팅상담에서도 이러한 감정적 해소가 상담의 목표가 될 수 있다.

♠ 활용 TIP

> **상담자**: 지금 마음이 많이 괴롭고 힘들어서 계속 이야기를 이어 나가는 것 같아요.
>
> **상담자**: 내담자님이 그런 마음에 대해서 거침없이 이야기해 주고 있고요.
>
> **상담자**: 그러면 오늘 채팅상담에서는 내담자님의 속마음을 풀어놓고 그 이야기를 충분히 들어 드리고 싶어요. 그렇게 해도 될까요?

채팅상담을 통해 내담자들이 속 시원하게 자신의 이야기를 털어놓아 감정적 정화를 경험할 수 있다면 이를 통해 자신의 문제와 상황을 보다 객관적으로 볼 수 있게 될 것이다.

4) 행동 평가 및 계획 단계

(1) 이전 대처 탐색

내담자가 문제해결을 위해 이미 시도해 보았던 방법과 효과는 어땠는지 탐색한다. 같은 해결방법이라도 언제, 어떻게 해 보았는지에 따라 효과가 달라질 수 있어 구체적으로 탐색하고 내담자를 격려할 수 있다. 또한 상담자가 보기에는 비효과적인 방법이라도, 내담자의 입장에서는 최선이었을 수 있으므로 당시의 상황적 요인을 고려하면서 문제해결에 대한 내담자의 의미를 격려해야 한다. 또한 상담자가 대안을 제시할 경우에도 이전에 시도해 보았

[실습] 반응 연습해 보기

> **내담자**: 주로 SNS를 보면 나 빼고는 모두 잘 지내고 있는 것 같아서 얼마 전에 계정 탈퇴했어요. 그래도 친구한테 톡을 보냈는데 친구가 안 보거나 보고도 답이 없으면 정말 너무 불안해요.
>
> **상담자**: _____

예시 반응

내담자: 주로 SNS를 보면 나 빼고는 모두 잘 지내고 있는 것 같아서 얼마 전에 계정 탈퇴했어요. 그래도 친구한테 톡을 보냈는데 친구가 안 보거나 보고도 답이 없으면 정말 너무 불안해요.

상담자: SNS를 탈퇴까지 했군요. 혹시 내담자님이 불안한 마음이 들 때 노력해 본 것들이 있나요?

내담자: 그냥 생각은 해 봤어요. '나를 싫어하는 게 아닐 거야.'라고요. 하지만 다음 날이 되면 별로 달라진 건 없는 것 같더라고요.

상담자: 불안한 생각이 들 때 스스로 다르게 생각해 보는 시도를 해 보셨네요. 다르게 생각했을 때 바로 불안한 마음이 사라지면 좋은데 그렇지 않을 수도 있어요. 친구의 상황을 이해해 보는 경험도 필요하고요.

♠ 활용 TIP

상담자: 내담자님은 친구들에게 다가가기 위해 어떤 방법을 써 봤나요?

상담자: 먼저 용기 내어 인사했을 때 친구들의 반응은 어땠나요?

상담자: 공부하고 싶은데 자꾸 딴생각이 나서 집중하기 위해 음악을 들었던 거네요.

던 것을 탐색함으로써 중복되는 제안을 방지할 수 있다.

내담자가 말한 문제 상황에서도 예외상황이 있었는지 탐색하고 자신이 사용했던 효과적인 대처방법 등 성공경험을 탐색한다. 이 방법을 찾아내어 새로운 대안행동에 반영하면 보다 내담자가 활용하기 쉬우면서 효과적인 해결책을 만들 수 있다.

예시 반응

> 상담자: 혹시 그동안 친구와 조금이라도 편안한 관계를 유지해 본 적이 있나요?
>
> 내담자: 처음에 친해지게 되었을 때는 안 좋은 생각보다는 잘 지내고 싶은 마음에 제가 노력을 더 많이 해서 불안한 마음은 덜했던 것 같아요.
>
> 상담자: 내담자님이 친해지기 위해서 노력을 많이 하셨군요. 그때의 내담자님은 지금과는 어떤 점이 조금 다를까요?

♠ 활용 TIP

> 상담자: 내담자님의 이야기를 들어보니 작년에는 지금보다 친구들과 잘 어울렸던 것 같네요. 그때의 내담자님은 지금과 무엇이 달랐나요?
>
> 상담자: 지난번 중간고사 공부할 때는 어떻게 그렇게 집중할 수 있었나요?
>
> 상담자: 지난번에 엄마를 설득했을 때는 어떤 식으로 이야기했었나요?

　어떤 내담자들은 문제가 없었던 예외상황이 외부상황의 변화에 의해서 달라진 것이라고 이야기할 수 있다. 이런 경우에는 그 상황에서도 내담자 자신이 어떤 역할을 했었는지 아주 작은 것이라도 찾아낼 수 있도록 돕는 것이 필요하다.

예시 반응

> 상담자: 내담자님이 친해지기 위해서 노력을 많이 하셨군요. 그때의 내담자님은 지금과는 어떤 점이 조금 다를까요?
>
> 내담자: 그건 친구가 다행히 착한 애라서 그런 것 같아요.
>
> 상담자: 좋은 친구라서 그렇기도 하지만 친구는 어떤 이유로 내담자님과 친해지고 싶어 했을까요? 친구가 착했던 이유도 있지만, 계속 친하게 지낸 데에는 내담자님의 좋은 점이 있었을 것 같아요.

> **내담자:** 음, 제가 친구들 얘기를 잘 들어 주고 친구의 편이 되어 준 것 같아요.

(2) 구체적인 대안행동 제안

대안행동을 제안하는 것은 상담목표를 달성하기 위한 대안목록을 만드는 단계라고 할 수 있다. 내담자가 이전에 성공적으로 수행했던 대처행동과 아직 시도해 보지 않은 행동 중에 효과적일 것으로 여겨지는 행동이 해당된다. 상담자는 자신의 전문지식을 활용하여 조언의 형식으로 대안행동을 제시할 수 있다.

예시 반응

> **상담자:** 이전에 친구 편이 되어 주면서 좋은 관계를 유지한 것은 참 중요한 것 같아요. 내담자님의 좋은 면을 친구가 더 알아가고 편안한 관계가 되기 위해서는 내담자님의 마음을 잘 알고 내담자님이 먼저 편안해지는 것도 필요하답니다.

♠ 활용 TIP

> **상담자:** 친구들에게 다가가기 위해 먼저 웃으면서 인사를 건넨 것은 참 효과적인 방법 같아요. 같이 다닐 친구를 만들기 위해서는 어떤 친구가 내담자님과 맞을지 관찰하는 것도 필요하답니다.
> **상담자:** 집에서 공부하는 것보다 도서관에서 했을 때 더 집중할 수 있었다면, 이번 시험때도 도서관에서 공부하는 게 좋을 것 같아요.

이후에는 상담을 하면서 함께 만든 대안행동들에 대해 내담자가 당장 실천할 수 있는 쉬운 것부터 구체화할 수 있도록 세부적인 계획을 진행할 수

예시 반응

> 상담자: 내담자님 마음이 편안해지기 위해서는 불안하거나 좋지 않은 생각이
> 들 때 스스로 생각해 볼 수 있는 방법으로 '내가 지금 마음이 불안하구
> 나.' 하고 마음을 토닥토닥해 주면서 심호흡을 연습하기로 했는데요.
> 언제 연습을 해 보는 것이 좋을까요?
> 내담자: 학교 다녀와서 해 볼게요.
> 상담자: 학교 다녀와서 해 볼 수도 있고, 지금 저와 함께 연습해 볼 수 있는데 같
> 이 해 볼까요?

♠ 활용 TIP

> 상담자: 지금 우리가 여러 가지 방법을 얘기해 보았는데요. 이 중에 내담자님에게 가장 쉬
> 운 것은 무엇일까요?
> 상담자: 하루에 5시간씩 갑자기 집중하기는 어려울 수 있어요. 우선 30분 정도 집중해서
> 교과서를 본 후 10분 쉬고, 또 30분 공부하는 식으로 해 보면 어떨까요?

있다. 내담자에게 성공경험을 하는 기회를 주고, 한 가지 해결책으로 문제가
한 번에 해결되지 않고 변화는 점진적이라는 메시지를 내담자에게 전달하는
효과도 있다.

(3) 추가 정보 제공

추가 정보 제공은 내담자가 앞으로 문제에 대처하는 데 필요할 것으로 예
상되는 정보나 연계 기관에 대해 안내하는 단계이다. 정보는 교육적인 측면
에서의 정보 제공으로 관련 정보가 있는 홈페이지 주소나 웹사이트, 연락처
등을 알려 주는 것이다. 연계 기관은 대면상담을 받을 수 있는 지역의 청소
년상담복지센터, 정신건강복지센터, 아동보호전문기관 등 호소문제에 따라

해당 기관을 소개한다. 해당 정보를 제공할 때는 정보를 제공하는 이유에 대해 이해할 수 있도록 설명해야 하며, 내담자가 원할 경우 상담자가 직접 기관에 연계 신청을 할 수 있다.

한 가지 주의해야 할 점은 구체적인 대안행동을 제시하지 않고 정보 제공을 안내해 주는 경우 상담의 만족도와 효과가 떨어질 수 있다는 것이다. 상담자는 대면상담이 급해 보여서 기관 정보를 안내하고 싶은 마음이 들 수 있지만 내담자 입장에서는 자신을 다른 기관으로 넘기려고 한다고 오해를 할 수도 있다. 그렇기 때문에 추가적인 정보를 제공할 경우에는 충분히 대안을 제시한 다음에 이루어져야 할 필요가 있다.

상담자는 내담자의 정신건강, 일상생활에서 지원해 줄 수 있는 기관 정보를 사전에 최대한 파악하고 있어야 하며, 상담자가 잘 모를 경우에는 인터넷 등을 활용하여 내담자와 함께 찾아볼 수도 있다. 이는 내담자에게 정보를 스스로 검색해 볼 수 있도록 하는 효과도 있다.

예시 반응

> 상담자: 자신의 불안함을 다스리기 위해서 혼자 연습할 수도 있지만 상담선생님을 직접 만나서 상담하는 것도 도움이 된답니다. 가까운 지역의 청소년상담복지센터에서 무료로 상담받으실 수 있는데 안내해 드릴까요?

5) 마무리

(1) 요약 및 격려

① 회기 요약 및 평가
마무리 단계에서는 지금까지 진행된 상담을 정리하여 호소내용에 대한 대안을 상기해 보고 도움이 되었는지 확인한다. 요약반응은 대면상담에서도 상담내용의 초점을 분명히 하기 위해 이루어지는 중요한 작업이지만 채팅상담에서는 또 다른 의미에서 중요하다. 채팅상담에서 메시지 내용 중심으로 이루어진 대화과정 가운데 혼란이 생겨 간혹 질문과 응답이 원활하게 이루어지지 않은 경우가 있다. 서로의 모습을 볼 수 없기 때문에 기다려야 할 때인지, 반응을 해야 할 때인지 구분이 되지 않기 때문이다. 그래서 질문이 연달아 게시되기도 하고, 지나가 버린 질문에 대해 답변을 지나치기도 한다. 이로 인한 이야기 흐름에서 혼선이 생기는 경우도 있고 더 나누고 싶은 이야기가 있는 경우를 대비해서 상담의 초점을 분명히 하기 위한 요약반응 사용이 중요하다.

더 나누고 싶은 이야기가 있을 때는 이 회기에서 다룰지, 다음에 다룰지 내담자와 의논하여 결정할 수 있다. 이때 상담시간 구조화 상황을 고려하여 결정하는 것도 필요하다.

예시 반응

상담자: 오늘 친구관계에서 불안한 마음에 대해 이야기를 나눠 보았네요. 오늘 상담이 어떠셨나요?

내담자: 과거의 일 때문에 지금 친구에게 너무 조급한 마음이 있었던 것 같아요.

상담자: 그래요. 좋지 않은 기억이 떠오를 때는 우리가 나눴던 것처럼 스스로 '내가 지금 마음이 힘들구나.' 생각하고 심호흡을 3번 해 보기로 해요. 혹시 더 나누고 싶거나 아쉬운 점이 있을까요?

🔺 활용 TIP

- "우리가 많은 이야기를 나누었는데 이제는 지금까지 했던 이야기를 잠깐 정리해 볼까요?"
- "오늘 상담에서 어떤 점이 도움이 될 것 같아요?"
- "혹시 더 나누고 싶은 이야기가 있나요?"
- "내담자님, 우리가 이야기를 나눈 지 50분 정도 되었네요. 그동안 우리는 ~에 대해 이 야기를 나눠 보았는데 이 부분에 대해 스스로 생각해 보는 시간을 갖는 것이 도움이 될 것 같아요."

② 격려하기

마무리 단계에서 '격려하기'는 상담을 통해 계획한 대안행동을 실행에 옮길 수 있도록 격려함으로써 힘을 북돋아 준다. 내담자의 그간의 노력과 강점 등 구체적인 행동을 표현해 주며 내담자를 격려하고, 긍정적인 의미를 부여해 준다. 또한 한두 번의 노력으로 쉽게 문제해결이 되는 것을 기대하는 것보다 자신감을 잃지 않고 인내심을 가질 수 있도록 한다.

예시 반응

상담자: 오늘 내담자님과 이야기를 나눠 보니 어려운 상황에서도 먼저 친구와 친해지기 위해 노력해 본 시도가 참 인상적이었어요. 자신의 마음도 아껴 주고 토닥여 주면서 건강하게 성장할 수 있을 거라는 확신이 드네

(2) 추후 상담 초청

상담 이후에도 언제든지 고민이 있을 때 상담할 수 있다는 점을 안내하고 상담자와의 관계가 지속된다는 느낌으로 내담자에게 용기를 내어 일상생활을 유지할 수 있도록 한다. 즉, 내담자가 필요한 시간에 들어와서 상담을 할 수 있도록 상담자의 상담일정을 내담자에게 안내하는 것도 도움이 된다.

2. 게시판 및 메일 상담   95

예시 반응

상담자: 혼자서 힘들면 언제든 다시 찾아 주세요. 잘 해결되더라도 어떻게 되었는지 알려 주면 좋겠어요!

상담자: 오늘은 친구관계에서 마음을 표현하는 방법에 대해 이야기를 나누었으니 다음에는 거절하는 방법에 대해서도 이야기를 나누어 보면 좋겠어요.

상담자: 다음 주에도 이 시간에 상담이 가능해요. 그때 가능하면 이야기해요. 혹시 시간이 어려우면 가능한 시간에 다른 상담자와도 상담이 가능해요.

2. 게시판 및 메일 상담

상담자는 게시판 및 메일 상담에서 내담자가 제공하는 단편적인 정보에 의지해 답변을 작성하게 된다. 따라서 효과적인 게시판 및 메일 상담 답변을 제공하기 위해서는 내담자의 글을 꼼꼼하게 '정독'하는 것이 매우 중요하다. 내담자의 글을 읽어 나가면서 상담 답변을 위해 필요한 내담자의 기본정보(성별, 연령, 학년, 지역 등)를 파악할 뿐만 아니라 글에서 느껴지는 내담자의 감정, 성격적 특성, 교육 정도 등을 파악하여 내담자를 보다 입체적, 맥락적으로 이해할 수 있어야 한다.

표 6-1 내담자 그림 그리기(사례개념화)를 위한 체크 사항

- 내담자 정보: 성별, 연령, 학년, 지역, 성격적 특성, 교육 정도 등
- 호소문제: 내담자가 상담을 통해 해결하고 싶은 것, 상담에서 원하는 것 등
  - (TIP) 호소문제가 많은 경우, 어떤 것을 우선적으로 나눌지 순서를 매겨 본다.
- 내담자의 마음: 내담자가 주로 느끼는 기분, 정서, 느낌 등
- 기타: 문제의 촉발원인 또는 유지요인, 내담자의 활용 가능한 자원, 내담자에게 필요할 것 같은 정보 및 자원 등

[실습] 내담자 그림 그리기(사례개념화) 연습하기

다음의 사례를 읽고, 내담자에 대해 파악된 내용을 표에 적어 보세요.

사례		
안녕하세요, 선생님. 저는 얼마 전 고등학교 3학년이 된 여학생입니다. 요즘 공부만 생각하면 너무 힘들고 우울해요. 1, 2학년 때는 정말 열심히 공부를 했는데 어느 때보다 공부에 집중을 해야 하는 지금은 공부가 마음먹은 대로 되지 않고 자꾸 다 그만두고 싶다는 생각이 들어요. 몸도 무겁고 게을러져서 큰일이에요. 벌써 5번째 큰 우울에 빠졌어요. 공부에 집중하지도 못하고, 그렇다고 제대로 쉬는 것도 아니에요. 저 스스로에게 화가 나기도 했다가 제가 진짜 우울증이라는 병에 걸린 건 아닌가 걱정도 돼요. 제가 이상하게 느껴져요. 선생님, 제 상태가 심각하면 어쩌죠? 부모님이나 주변 사람들한테 말하면 너무 걱정하거나, 고등학교 3학년은 다 힘들다고 공부나 하라고 할까 봐 말도 못 하고 답답한 마음에 여기에 글을 써요. 저 어떻게 해야 하나요? 도와주세요.	내담자 정보	
	호소문제	
	내담자의 마음	
	기타	

*출처: 한국청소년상담복지개발원(2018).

게시판 및 메일 상담의 특성상 내담자가 자신의 이야기를 쏟아 내듯이 적는 경우가 많다. 따라서 글을 읽으며 내담자가 가장 원하는 것이 무엇인지 살펴보고, 상담자가 내담자의 호소문제 중 어떤 것을 우선적으로 다룰지 정리해 나가는 것이 내담자의 문제해결을 위한 목표와 전략 계획을 세우는 것에 도움이 된다.

이러한 정보와 내담자에 대한 이해를 바탕으로 게시판 및 메일의 답변을 다음의 [그림 6-2]와 같은 절차로 작성해 볼 수 있다.

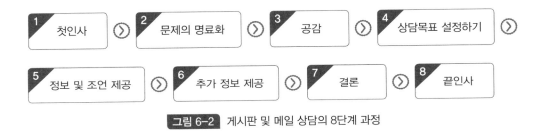

그림 6-2 게시판 및 메일 상담의 8단계 과정

1) 첫인사

기본적인 신뢰관계를 형성하기 위해 따뜻한 인사와 함께 소속을 밝히며, 내담자에 대한 환영의 마음을 전달한다. 추가적으로 내담자의 이름(또는 닉네임)을 언급하거나, 성의 있게 글을 읽어 보았으며, 도와주고 싶은 마음을 가지고 정성껏 답변을 작성했다는 등의 말을 덧붙이는 것도 관계형성의 좋은 방법이 될 수 있다.

예시 반응

▶ 안녕하세요. 청소년사이버상담센터입니다.
▶ 내담자님, 반가워요. 내담자님이 적어 준 글을 잘 읽어 보았어요.

2) 문제의 명료화

내담자가 자신의 상황을 객관화하고, 미처 자각하지 못했던 부분을 알아
차리도록 돕기 위해 문제를 명료화한다. 상담자는 내담자의 글과 자신의 전
문적 지식을 토대로 내담자의 문제 상황, 그에 대한 감정, 이면의 욕구, 소망
등을 파악하여 호소문제를 명료화하는 것이 필요하다.

호소문제 명료화 작성 TIP

▶ 내담자의 고민 글을 정독하며, 핵심적인 내용을 밑줄 그어 두거나 메모해
   둔다.
▶ 내담자의 욕구, 소망, 필요 등을 명료화하기 위해 다음의 질문을 생각하며
   고민 글을 읽는다.
   ① 어떤 심정과 상황에서 이러한 글을 남기게 되었을까?
   ② 문제가 생기게 된 경로나 원인은 무엇일까?
   ③ 내담자는 이 글을 통해 무엇을 얻고 싶은 것일까?

[실습] 호소문제 명료화 연습해 보기

◈

예시 반응

▶ 고등학교 3학년이 되어 더욱 공부에 집중하고 싶은데, 마음대로 되지 않는 상황 속에서 우울과 답답함이 느껴져 이곳을 찾아와 주셨네요. 이렇게 우울감을 느끼는 자신이 걱정도 되고 이상하게 느껴져서 앞으로 어떻게 해야 할지 도움을 요청해 주셨군요.

게시판 및 메일 상담의 특성상 내담자의 욕구, 소망, 필요 등을 명료화하기 위한 탐색질문을 하는 것이 어렵다. 그러므로 내담자가 남겨 준 글이 너무 짧거나 추상적인 단어를 사용했을 경우 상담자가 내담자의 호소문제와 원하는 것이 무엇인지 알 수 없어 답변 작성의 한계가 발생한다. 이럴 경우 현재 남겨진 글에 대한 답변을 충실히 적어 준 뒤, 차후 상담을 위해서 내담자가 어떻게 고민 글을 적어 주면 되는지를 안내할 필요가 있다. 그리고 고민을 구체적으로 적기 위해 노력하는 과정은 자신의 상황과 감정 등을 돌아보며 새로운 관점을 가지는 계기가 될 수 있으며, 상담자도 내담자에게 보다 도움이 되는 정보를 제공할 수 있다는 등의 말을 덧붙이는 것도 추후 상담의 문제 명료화에 도움이 될 수 있다.

예시 반응

▶ 우울한 마음에 글을 남겨 주셨네요. 내담자님을 도와 드리고 싶은데 남겨진 글만으로는 내담자님이 어떤 상황인지 알기 어려웠어요. 적절한 도움을 드리기 위해서 내담자님의 이야기를 조금 더 들려주면 좋을 것 같아요. 예를 들면, 우울한 마음이 생기게 된 원인이나 우울한 마음으로 인해 내담자님의 일상에 어떤 문제가 발생하고 있는지를 글로 적어 주면 좋겠습니다.

3) 공감

내담자가 게시판 및 메일 상담을 이용하기까지 얼마나 많은 고민과 고통을 경험했는지에 대해 공감해 주는 것이 필요하다. 이때 여러 가지 좋은 말을 늘어놓는 공감은 내담자로 하여금 형식적, 기계적이라고 느낄 수 있게 하니 주의가 필요하다. 내담자에게 적절한 공감을 위해서는 글 속에서 전해지는 핵심감정을 파악하여 표현하는 것이 바람직하며, 환경과 상황을 고려하여 '충분히 그러한 감정을 느낄 수 있고, 그러한 생각이 들 수 있다.'는 방향으로 고민을 인정해 준다.

공감 작성 TIP

▶ 내담자의 환경, 상황에 빗대어 '충분히 그러한 감정을 느낄 수 있고, 그러한 생각이 들 수 있다.'는 방향으로 고민을 타당화해 주기
▶ 내담자의 긍정적 태도나 성취경험들에 대한 성장적 동기에 대해 격려해 주기

예시 반응

내담자님의 글을 읽다 보니 지금 내담자님의 상황에서 우울감이 느껴지는 것은 충분히 그럴 수 있겠다는 생각이 들어서 저도 안타까운 마음이었습니다. 아마도 내담자님은 '내가 지금 고3인데 이렇게 나태해져도 되는지, 열심히 해야 하는데 마음먹은 대로는 되지 않고 나의 힘듦에 대해 도움을 구하자니 걱정을 끼치게 되고, 야단도 맞을 것 같고, 이러지도 저러지도 못하는 나에게 화도 나고' 하는 생각들이 반복되는 지점에서 우울감을 느끼게 되는 것은 아닌지요. 이런 생각들이 반복된다면 저라도 내담자님과 같이 고민되고 우울해질 수 있을 것 같아요.

또한 자신의 문제를 털어놓고 도움을 요청한 용기에 대한 격려와 지지를 제공하는 것도 하나의 방법이 된다.

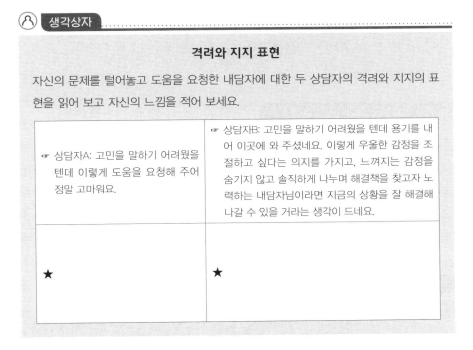

4) 상담목표 설정하기

게시판 및 메일 상담에서는 내담자와 상담목표를 합의할 수 없으므로 상담자가 파악하여 문제를 명료화했던 내용 및 내담자의 호소문제를 토대로 답변 글 내에서 다룰 수 있는 내용으로 상담목표를 설정할 필요가 있다.

상담목표 설정하기 TIP

▶ 내담자의 글 속에서 드러나는 바람은 무엇인가?

▶ (명확한 바람이 없다면) 고민 글을 통해 내담자가 말하고 싶어 하는 마음은 무엇이라고 생각되는가?

▶ '호소문제 명료화'에서 명확히 했던 부분과 연결하여 서술되었는가?

[실습] 상담목표 설정하기 연습해 보기

◈

예시 반응

오늘 이 글을 통해서 내담자님이 경험하고 있는 우울의 정도가 심각한 것은 아닌지 객관화된 심리검사를 통해 확인해 볼 수 있는 정보를 알려 드리고자 합니다. 또한 우울감으로 인해 공부에 집중하지 못하는 상황을 다르게 생각하고 해석해 볼 수 있음을 알려 드리는 것을 목표를 가지고 답변을 작성해 보려 합니다. 내담자님도 함께 생각해 보면서 지금의 순간을 잘 이겨 낼 수 있도록 해 보세요.

5) 정보 및 조언 제공

내담자의 글에서 드러나는 욕구 및 필요에 대한 정보를 제공하거나, 상담자가 내담자의 상황에서 필요하다고 판단되는 대안적 행동을 제안한다. 게시판 및 메일 상담에서는 내담자의 정보가 한정적이기 때문에 한계가 존재할 수 있다. 그럼에도 상담자는 대처전략에 대한 탐색질문, 대안제시, 동기화 질문을 통한 실행계획 수립, 도움 기관 정보 제공 등을 통해 내담자에게 도움을 줄 수 있다.

(1) 대처전략 탐색

게시판 및 메일 상담에서 대처전략을 탐색하는 것이 어려울 수 있으나, 내담자가 남겨 둔 글 속에서 이전 성공경험이나 내담자가 지금까지 노력해 왔던 경험의 내용을 토대로 답변 글을 작성해 볼 수 있다.

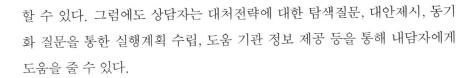

예시 반응

> 내담자님이 남겨 준 글의 내용 중 올해로 5번째 우울에 빠졌다고 했는데, 내담자님은 벌써 4번의 우울한 상태를 잘 이겨 낸 경험이 있네요. 이럴 때 어떻게 극복해 냈는지 다시 떠올려 보면 어떨까요?

(2) 대안 제시 및 실행계획 수립

내담자의 이전 대처전략에서 다루지 않은 다양한 방법을 충분히 제시해 주고 그 정보 안에서 내담자가 선택하고 결정할 수 있음을 알려 줄 필요가 있다. 대안을 제시할 때는 상담자가 세워 둔 목표를 충분히 다룰 수 있도록 제시할 필요가 있으며, 내담자와 유사한 사례를 활용하여 대안을 제시해 줄 수도 있다.

대안제시 이후 실행계획은 내담자가 게시판 및 이메일 상담 답변 글을 보면서 생각해 볼 수 있도록 동기화 시킬 수 있는 질문(예: 어떤가요? 이런 대안들 중 내담자님이 시도해 볼 수 있는 것이 있다면 지금 하나 선택해 볼까요?)을 하거나, 구체적으로 지금 무엇부터 해 보면 좋을 것 같다고 제안을 해 볼 수 있다. 단, 이런 대안이나 실행계획의 선택과 결정은 내담자가 하는 것임을 알게 하는 방향으로 작성되어야 한다.

대안 제시 TIP

> ▶ 예를 들어 설명하기
> ▶ 제시한 대안이 내담자에게 어떤 도움이 되는지 설명하기
>
> [대안 제시 예]
> ─(×) 불안할 때는 과도한 불안을 만드는 생각을 멈추고, 심호흡을 해 보세요.
> ─(○) 과도한 불안을 만드는 생각은 단호하게 멈출 필요가 있어요. 생각을 멈추지 않으면, 생각은 관심이라는 밥을 먹으며 계속해서 몸집을 키워 내담자님을 괴롭히게 된답니다. 그러니 불안을 만드는 생각이 들 때, 다음과 같은 단계에 따라 생각 멈추기를 연습해 보세요.
> ① (멈추기) '잠깐!'을 마음속으로 외치고, ② (인정하기) '내 마음속에 이런 생각이 들었구나.'라고 인정한 후, ③ (대안행동하기) 나에게 도움이 되는 건강한 행동을 한다.

참고할 만한 자료

◆ 청소년사이버상담센터 상담콘텐츠 '고민해결백과'(www.cyber1388.kr)
　　─다양한 청소년의 고민 글과 그에 대한 전문상담자의 답변을 카드뉴스 형식으로 제공

◆ 한국생명의전화 홈페이지 사이버상담 '공개게시판상담'(www.lifeline.or.kr)
　　─고독, 갈등, 위기와 자살과 관련한 문제에 대한 게시판상담 제공

◆ 한국도박문제관리센터 홈페이지 '공개게시판상담'(netline.kcgp.or.kr)
　　─도박과 관련한 고민에 대한 전문상담자의 답변 제공

현재 느끼는 우울감이 심각한 상황은 아닌지 걱정이 되고 불안하다면 웹 심리검사를 통해 현재 상태를 알아볼 수도 있답니다. 웹 심리검사를 해 볼 수 있는 곳은 다음과 같습니다.

(웹 심리검사 해 볼 수 있는 곳의 위치) 청소년사이버상담센터 홈페이지(www.cyber1388.kr) 내 웹심리검사 > 성격/정서 > 우울 검사

이 글을 읽고 난 후 바로 자신의 우울감 정도와 그 결과에 따라 내담자님에게 지금 해 볼 수 있는 방법은 무엇인지 찾아보면 좋을 것 같은데 어떤가요?

6) 추가 정보 제공

추가 정보 제공은 대안제시 및 실행계획 수립에서 다루지 못한 내용이나 내담자가 직접 정보를 추가로 검색해 볼 수 있는 방법, 또는 상담과 관련된 정보(예: 채팅상담으로의 초대 및 청소년전화 1388 통화방법, 지역별 청소년상담복지센터 정보 및 정보를 확인해 볼 수 있는 사이트 등) 등을 추가로 제공해 줄 수 있다.

만약 채팅상담이 어려울 경우 추가로 이용할 수 있는 상담정보를 다음과 같이 안내해 드리니 도움되길 바랍니다.
(24시간 상담 가능한 곳) 1388 전화나 문자상담, 카카오톡상담(청소년상담 1388 채널 추가)

[참고] 1388 전화상담 이용방법: 휴대전화-지역번호+1388 (또는 110)

7) 결론

결론 부분은 내담자가 자신의 고민을 다양한 각도에서 다시 생각해 볼 수 있도록 상담 전문가로서의 마지막으로 당부하고 싶은 점, 느낌, 생각 등을 정리해 주는 방식으로 작성하는 것이 도움을 줄 수 있다. 이때 작성하는 문장은 지시적인 것보다는 부드러운 격려가 담긴 언어로 힘을 북돋아 주는 것이 좋다.

예시 반응

저는 내담자님이 1학년, 2학년 때 열심히 살아왔다고 자부하는 만큼 자신을 아끼고 사랑하고 있다고 믿어요. 그래서 지금 조금 지쳐 있는 자신을 다그치기보다 따뜻하게 보듬어 주면 좋을 것 같아요.

8) 끝인사

끝인사는 내담자가 도움이 필요할 경우 다시 도움을 청할 수 있는 마음이 들도록 상담자의 진심을 담아 마무리하는 것이 중요하며, 끝부분에 내담자를 존중한다는 의미의 표현으로 작성자를 표기한다.

예시 반응 1

○○○○센터는 ○○○님이 건강하고 행복한 삶을 지속할 수 있기를 진심으로 응원합니다.
감사합니다. ○○○○센터 드림.

예시 반응 2

답변 내용이 고민을 얘기해 준 ○○○님에게 도움이 되었으면 좋겠어요. 언제든 채팅 상담 또는 비밀게시판으로 들어와서 이야기 나누어요. 기다리고 있을게요!

다음과 같은 방법으로도 상담을 할 수 있습니다(기관의 상황에 맞게 수정).

※ 무료 전화상담: 1388(핸드폰은 지역번호+1388)
※ 무료 문자상담: 1388
※ 카카오톡 상담: '청소년상담1388'을 검색, 채널 추가 후 상담(24시간 상담 가능)

○○○○○○센터 상담자 드림.

〈다음과 같은 꼬리말 활용〉

이 답변 글은 ○○○○○○센터 상담자가 작성하였습니다.
고민 상담을 더 받고 싶은 경우, 365일 24시간 열려 있는 ○○○○○○센터
※ PC & 모바일: http://www.○○○○○.kr 로 찾아오세요.

9) 답변 발송 및 게시 전 최종 확인사항

내담자 고민 글에 대한 답변이 완성된 뒤 바로 발송하거나 게시하기보다는 다시 한번 읽어 보고 내담자 수준에서 이해하기 수월한지, 문장과 단락은 적절히 구성되었는지, 오탈자는 없는지 등을 점검할 필요가 있으며, 최종 확인 후 완료하는 것이 바람직하다.

발송 및 게시 전 체크사항

• 문장의 길이 및 단락 처리 등은 내담자가 읽기에 편안하게 작성되었는가?

• 문장의 길이나 용어가 고민 글을 남긴 내담자가 이해할 수 있는 수준인가?

• 문단은 두세 문단가량으로 내용 전달이 잘 되도록 나뉘어져 있는가?

• 오탈자는 없는가?

• 작성한 내용에 빠진 글자나 표기에 오류는 없는가?

• 제목을 어떻게 작성할 것인가?

• 기관 내에서 약속한 방식이 있다면 답변의 제목을 그에 맞추어 작성했는가?

※ [제목 작성 TIP]

　－내담자의 닉네임을 활용하여 작성하기(예: 닉네임님 보세요)

　－또는 제목 그대로를 둔 상태로 답변이라는 표시(예: re)가 드러나도록 작성하기

사례를 통한 게시판 및 메일 상담 실습

(사례) 랜덤채팅 무서워요~

안녕하세요. ㅜㅜ 저는 중2 여학생입니다.

제가 생각이 없었나 봐요. 호기심에 랜덤채팅을 하다가 어떤 오빠한테 줘서는 안 될 사진을 줘 버렸어요. 그 오빠가 어떻게 알았는지 핸드폰으로도 연락이 와요. 안 만나 주면 지금 가지고 있는 사진이랑 신상을 인터넷에 뿌릴 거라고 협박을 하는데 저 어떻게 해요? 선생님, 제발 도와주세요.

하지 말라고 하고 랜덤채팅방도 나왔는데 계속 핸드폰으로 연락이 와요…….

신고한다고 하면 찾아올 것 같아서 너무 무서워요…….

아, 진짜……. 그때 왜 그런 선택을 했는지 제가 너무 싫고 하루 종일 눈물만 나요. 무서워서 아무한테도 말 못 하고 여기에다가 글을 써요. 저 어떻게 해야 하나요?

(답변) 사례를 읽고 게시판 및 메일 상담 8단계를 기억하며 답변을 작성해 보세요.

첫인사	
문제의 명료화	
공감	
상담목표 설정하기	
정보 및 조언 제공	
추가 정보 제공	
결론	
끝인사	

3. 사회관계망서비스를 활용한 사이버아웃리치

현재 온라인상에는 다양한 SNS 플랫폼이 존재한다. SNS 종류로는 페이스북, 인스타그램, 트위터, 틱톡, 카카오스토리 등이 있어 사이버아웃리치 활동을 어떠한 방향으로 진행할지에 대해 기관 차원에서 사업운영 방향을 먼저 결정할 필요가 있다.

SNS마다 서비스 약관 및 커뮤니티 규정이 각기 다르기 때문에 섣부르게 아웃리치 활동을 할 경우 계정이 비활성화되거나 정지 조치가 이루어질 수 있다. 예를 들면, 페이스북에서는 페이스북의 약관을 준수하지 않는 콘텐츠 게시, 가명 사용, 다른 사람 사칭, 페이스북에서 허용되지 않고 커뮤니티 규정을 위반하는 행동을 계속하거나, 괴롭히거나, 광고 또는 기타 허용되지 않는 행위를 목적으로 다른 사람과 접촉할 경우 계정이 비활성화될 수 있다(페이스북 고객센터, www.facebook.com/help/103873106370583). 사이버아웃리치를 운영하는 계정이 비활성화되면 이전 자료를 복구하기 힘들기 때문에 세심한 주의가 필요하다.

사이버아웃리치 활동은 일반적으로 대상자 발굴, 아웃리치 개입, 마무리의 순서로 진행된다. 대상자(위기 청소년)는 아웃리치를 하고자 하는 SNS에서 해시태그(#)를 활용한 키워드 검색으로 발굴할 수 있다. SNS에서는 글을 게시할 때 해시태그라는 기능을 활용할 수 있는데, 자신이 게시한 글을 대표하는 키워드를 작성 글에 포함시켜 다른 사람들에게 쉽게 노출될 수 있도록 만든 기능이다. 이를 활용하여 위기상황에 있는 청소년을 발굴할 수 있다. 즉, 청소년 위기 관련 키워드를 검색하면 검색 키워드를 포함한 글들을 발굴할 수 있다. 키워드 검색 시 '위기' '자해' '폭력'과 같은 단순 단어보다는 청소년들이 주로 쓰는 은어를 알아 두면 폭넓은 대상자 발굴이 가능하다.

위기 주제별 키워드 예시

◆ 성매매(조건만남), 성폭력, 임신 관련 용어
#조건만남 #용돈만남 #섹스타그램 #섹트 #일탈계 #일탈계_트친소 #야펨 #섹펨 #야트 #섹트 #펨돔 #펨섭 #멜돔 #멜섭 #ㅅㅔㄱㅅ코드 #ㅅㅔㄹㅣ코드 #야스타그람 #야그타그람 #페이알바 #ㅍㅇㅇㅂ #간단 #수치알바 #만남알바 #관전알바 #입알바 #손알바 #발알바 #(지역명)만남알바 #(지역명)관전 #(지역명)간단알바 #(지역명)용돈 #신던스타킹 #입던속옷 #입던팬티 #스타킹팔아요 #팬티팔아요

◆ 가정폭력, 가출 관련 용어
#가출팸 #가출각 #가출말림 #가출계정 #재워주세요 #헬퍼 #도움 #맴버구함

#맞았어요 #아빠새끼 #엄마새끼 (부모님과 욕설을 함께 검색해 주세요) #지낼곳 #집나옴 #도움 #일행 #일행구해요 #자취 #재워주세요 #재워드림 #안전한 #하메(하우스메이트) #일탈계 #일탈 #가출

◈ 학교폭력 관련 용어
#학폭위 #징계 #피해자코스프레 #학교폭8 #일진 #생성 #찐따 #은따 #커뮤내따 #카톡왕따 #페메왕따 #인신공격 #다구리 #자발적왕따 #아싸

◈ 자살, 자해 관련 용어
#자살 #자해 #자살각 #자해각 #자살 #자살말림 #자해말림 #자해계획 #자살계획 #우울계 #우울계_트친소 #컷팅자해 #약물자해, #다이소칼 #사혈 #사혈자해 #카테터 #ㄷㅂㅈㅅ #동반자살 #ㅈㅅㅂㅂ #자살방법

　제시한 검색어로 발굴한 위기청소년 게시물에 댓글을 남기거나 보다 깊이 있는 개입을 위해서는 SNS의 메신저를 활용할 수 있으며, 다음의 예시와 같은 구조에 따라 상담개입을 할 수 있다.

🔊 활용 TIP

메신저 상담이 가능한 대표적 SNS로는 페이스북(페이스북메신저), 인스타그램(다이렉트메시지), 트위터(쪽지)가 있다.

표 6-2 메신저 상담의 기본 구조 예시

① 도입: 인사, 아웃리치 경위 안내	② 아웃리치 진행: 정보 제공, 긴급구조.		③ 마무리 및 사후처리: 상담기관 안내 및 안전 확보
(문구 예시) 안녕하세요. 청소년상담센터 선생님이에요. ○○님의 게시물 중 성매매 조건만남에 노출된 것 같은 게시물이 있어 메시지를 남깁니다.	정보 제공	(문구 예시) 게시물 중 신체 일부 사진을 SNS 계정에 업로드했을 경우 범죄에 노출될 가능성이 있습니다. SNS에서 위기상황에 노출된 가능성이 있는 청소년에게 도움을 드리고자 메시지를 남깁니다. ▶위험상황에 노출 가능성이 예측되는 경우 －기관 정보 안내 및 기관 연계 (문구 예시) 성폭력 수사 법류지원을 받을 수 있는 기관으로 서울 ○○○구에 위치한 [서울남부○○○○지원센터] 가 있습니다. 연락처는 02-○○○-○○○○입니다.	▶상담 필요 시 추후 받을 수 있는 상담정보 제공 → 메신저상담 운영시간 안내 → 마무리 인사 (문구 예시) 이후 도움이 필요하시면 답장을 주시거나 청소년상담센터(www.○○○○.kr)로 들어와 채팅상담, 게시판상담을 받으셔도 돼요. 상담 선생님과 함께 고민하고 함께 해결책을 찾아봐요! 기다릴게요. *청소년상담센터는 365일 24시간 이용 가능한 온라인 무료 상담센터로, ○○○○○에서 운영하고 있습니다. 메신저 상담 운영시간: 20:30~04:00
	긴급 구조	▶메신저상담 당시 자살, 자해 등 위험성이 감지된 경우 －심리적 안정화 및 112, 119 신고 조치 (문구 예시) 지금 도움을 청할 사람이 주변에 계신가요? 상담 선생님이 112에 신고해 줄 수 있어요. 경찰 측에서 연락과 방문이 가능한 연락처와 위치를 알려 주세요.	▶아웃리치 대상자의 안전 확보 → 모니터링 담당자 보고 → 위기사례 보고서 작성 (문구 예시) 경찰(112)에서 다녀갔나요? 지금 내담자님 상황은 어떠하신가요? 현재 같이 있어 줄 보호자와 함께 있나요? 추후 대면상담이 필요하신 경우, 시·도·군·구 청소년상담복지센터에 지원을 신청할 수 있습니다.

만약, 이용자가 해당 글을 광고성 글로 판단하고 불쾌감을 표시할 경우 다음과 같이 대응할 수 있다.

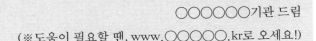
예시 반응

> 관련 글로 인해 불쾌감을 느끼게 해 드려 죄송합니다. 게시글을 보고 도움이 필요하다고 판단하여 글을 남겼으나, 불편하시다면 글을 남기지 않겠습니다.
>
> ○○○○○○기관 드림
>
> (※도움이 필요할 땐, www.○○○○○.kr로 오세요!)

다음은 청소년사이버상담센터에서 사이버아웃리치를 통해 위기청소년을 발굴하여 지원한 사례이다.

가출청소년 발굴 · 구조 사례

- A군은 가출 후 2주 넘게 끼니를 먹지 못해 SNS에 '가출팸'을 구한다는 게시물을 남겼다. 사이버상담원은 A군이 있는 곳을 확인한 뒤 가장 가까운 청소년쉼터에 입소할 수 있도록 안전하게 연계하였다.
- 이후 A군은 본인이 활동했던 가출팸 청소년에게 사이버상담센터를 소개해 위기에 놓인 청소년에게 도움을 주는 징검다리 역할을 하게 되었다.

가정폭력 발굴 · 구조 사례

• B양은 모의 언어폭력으로 오랜 기간 힘들어하다가 SNS에 자살을 암시하는 글을 올렸
  다. 이를 발견한 사이버상담원은 메신저로 상담을 시도하여 인근 청소년상담복지센터에
  서 대면상담을 받을 수 있도록 연계하였다.

• 이후 해당 기관에서는 B양의 모(母)를 아동학대로 신고하였고, B양은 심리상담을 받으
  며 안정을 찾고 있음을 확인하였다.

앞과 같이 메신저상담을 통해 위기로 판단되는 SNS 이용자에게 일대일
로 개입할 수 있지만, 거리 아웃리치에서의 홍보활동처럼 불특정 다수의 온
라인 이용자를 대상으로 사이버아웃리치 홍보활동을 전개할 수 있다. 사이
버아웃리치 홍보는 청소년 유입이 많을 것으로 예상되는 포털사이트 카페,
SNS(페이스북, 인스타그램, 트위터, 틱톡, 유튜브 등)에 사이버상담 이용 안내,
청소년 고민해결 카드뉴스, 웹툰 등 이용자들이 흥미를 갖고 볼 수 있는 콘
텐츠를 게시하는 활동이다. 또한, 사이버아웃리치 홍보는 온라인 캠페인의
형태로도 운영될 수 있다. SNS상에서의 온라인 캠페인을 통해 사회 저변에
서 나타나는 청소년 문제에 대한 경각심을 고취시키고, 청소년 문제 해결에
사회가 함께 동참하는 의식을 북돋을 수 있다.

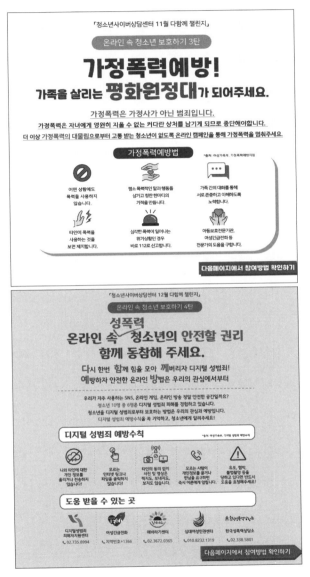

그림 6-3　사이버상담센터 온라인캠페인 SNS 홍보 이미지

출처: 청소년사이버상담센터 홈페이지.

• 제3부 •

사이버상담에서의
청소년 위기문제와 윤리

제7장 사이버상담에서의 청소년 위기문제
제8장 청소년 사이버상담 윤리

제7장

사이버상담에서의 청소년 위기문제

 사이버상담은 익명성, 접근성 등의 특징으로 인해 대면상담에서보다 솔직하게 자신의 상황을 상담자에게 털어놓을 수 있는 장점이 있고, 청소년이 위기상황에서 도움을 요청하는 수단으로 유용하게 활용할 수 있다.

 실제로 '청소년상담1388' 사업 현장에서 청소년의 위기 수준은 상담자의 관심이나 공감, 그리고 관련 정보 제공으로 예방이 가능한 저위기부터 사회안전망의 긴급도움을 받아야 하는 고위기까지, 그 수준과 유형이 매우 다양하다. 이런 위기문제를 지닌 청소년들에게 적절하고 신속한 도움을 제공하기 위해 상담사의 전문역량과 태도는 매우 중요하다. 청소년의 위기 수준을 신속하고 정확하게 평가할 수 있는 상담자의 실무경험이나 청소년을 위기로부터 보호하고자 하는 상담자의 적극적인 태도에 따라 사례개입 방향이 크게 달라질 수 있기 때문이다. 이 장에서는 유형별로 가상의 사례를 제시하여 각 사례별 위기개입 방법을 실습해 볼 수 있도록 하였다.

1. 긴급구조가 요구되는 위기문제

사이버상담 진행 중 내담자의 안전이 위협받는 상황으로 판단되면 112로 전화해 긴급구조를 요청하거나 내담자에게 직접적인 도움을 줄 수 있는 기관을 연계하는 등의 신속한 조치가 필요하다.

'긴급 또는 위급'은 위험한 물리적 환경으로부터 구조가 필요한 상황으로, 그 위험도가 매우 높고 되도록 빨리 개입해야 하는 상황을 일컫는다. 예를 들어, 현재 가출 후 갈 곳이 없거나 누군가로부터 위협을 받고 있는 경우, 또는 자살이나 자해를 시도하려고 하는 경우 등이 해당된다. 사이버상담 중 청소년이 주로 호소하는 '가출, 폭력(학교, 가정, 성, 사이버 성문제 등), 임신, 자해 및 자살, PTSD' 등의 위기상황에서 긴급 또는 위급한 상담개입이 필요할 수 있다.

온라인에서 서비스를 제공하는 사이버상담은 청소년이 쉽게 접근할 수 있는 만큼, 시각을 다투는 긴급한 수준의 위기문제를 자주 접하게 될 수 있다. 이 장에서는 위기유형별 개입방법과 가상의 사례를 통해 위기개입 방법을 실습해 볼 수 있을 것이다.

2. 위기문제별 사이버상담 개입 전략

1) 가출

가출이란, 가정생활에 불만을 갖거나 외부의 유혹에 끌려 가정에서 안정된 생활을 하지 못하고 집을 나가는 행위이다. 그 원인은 개인적 요인과 사회적 요인으로 나눌 수 있다. 개인적 요인은 상황이나 환경을 해결하기 위해 노력하기보다 이를 왜곡하여 받아들이거나 회피하기 위한 방편인 일탈행동의 일환으로 가출을 하게 된다고 보는 관점이다. 사회적 요인은 어려운 가정환경, 부모의 학대와 폭력 등이 청소년을 밖으로 밀어내거나 이미 가출한 친구의 유혹과 사회의 유해한 환경이 가정 밖으로 끌어내는 것이 원인이 된다고 보는 것이다. 또한, 가출을 부정적인 시선이 아닌 어쩔 수 없는 외부적 요인으로 인해 위기 상황에서 벗어나기 위한 대처방법으로 보기도 한다.

　청소년의 가출은 임신, 성폭력, 성매매뿐 아니라 또다른 심각한 범죄로 이어져 사회 문제로 확대될 수 있다. 그러므로 상담자들은 가출 청소년이 사회 안전망에서 보호받고 가정으로 복귀할 수 있도록 진정한 조력자로서 역할을 수행할 준비가 되어 있어야 한다.

(1) 호소문제 확인 및 위기수준 평가

　사이버상담에서 부모와의 갈등으로 가출을 하고 싶다거나 이미 가출을 한 상황인데 갈 곳이 없다고 도움을 요청하는 내담자를 만나면 먼저 상담에서 무엇을 기대하는지 파악하면서 위기수준을 평가해야 한다. 상담자가 가끔 가출한 내담자 또는 가출 계획이 있는 내담자와 상담 시 내담자가 원하는 것을 파악하기에 앞서 집으로 돌아가는 것을 권유하거나, 부모님과 화해하도록 조언하려는 마음이 앞설 수 있다. 이는 가출 상황이 아닌 내담자에게 쉼터 정보를 미리 제공하는 것에 대한 상담자의 불편감으로 인한 것일 수 있

필수 탐색질문 예시

- 가출을 하게 된 이유가 있나요?
- 가출을 한 지는 얼마나 되었나요?
- 지금 어디에서 지내고 있나요?
- 지금까지 어떻게 지내왔나요?(식사, 수면 등)
- 가지고 있는 돈은 얼마나 되나요?
- 연락 가능한 번호는 어떻게 되나요?
- 어떤 도움을 받기를 바라나요?
- 지금 상황에 도움을 줄 수 있는 사람이 있나요?

다. 그러나 내담자에 따라서는 상담자의 조언이 듣기 싫어서 상담이 마무리되기 전에 먼저 채팅상담실을 나가 버리는 경우도 있어 내담자가 보호받을 수 있는 기관을 찾아 먼저 안내해 준 후 가출 이유를 탐색하고 대안을 찾는 과정으로 진행하는 등의 방법을 생각해 볼 수 있어야 한다.

　상담자는 탐색질문으로 파악된 정보를 토대로 내담자가 처한 위기수준을 파악할 수 있어야 한다. 위기수준은 고위기, 중·저위기로 나눠서 평가할 수 있으며 고위기는 가출 후 보호자원이 없는 경우이다. 고위기로 평가한 경우 내담자를 보호할 전문기관이나 보호자원을 통해 안전을 확인할 수 있도록 개입해야 한다. 중·저위기는 가출하고 싶은 마음이 있거나 가출준비를 완료한 경우로, 내담자가 그러한 마음을 계획한 상황에 대해 충분히 타당화해 주면서 가출 이외의 대안적 방안을 모색할 수 있도록 하는 등 내담자 욕구에 맞는 상담방향으로 진행할 필요가 있다.

(2) 정서적 지지 및 안정화

　내담자에게 탐색질문을 할 때는 취조당하는 느낌이 들지 않도록 정서적 공감과 지지가 필요하다. 지금까지 힘든 마음을 잘 견뎌 온 것, 해결방법을 찾기 위해 상담실에 스스로 찾아온 것 등에 대해 지지해 줌으로써 관계형성을 하는 것이 중요하다.

　가출위기의 청소년들은 가족들로부터 상처를 받아 그들과 함께할 수 없다고 판단하여 자신의 잘못을 부모님에게 말하는 대신 회피하기로 선택한 경우 등이 있다. 상담자는 가출을 하고자 하는 이유를 확인한 후 그동안 갈등하고 힘들었을 내담자의 마음을 잘 읽어 주고 도움을 받을 존재가 있다고 느낄 수 있도록 공감해 주어야 한다.

(3) 보호자원 연계

사이버상담에서는 가출한 청소년에게 물리적인 보호를 해 줄 수 없기 때문에 보호자나 해당 서비스 제공이 가능한 기관으로의 연계가 필요하다. 선생님, 친척 등의 인적 보호자원이 없다면 지역의 청소년 쉼터를 찾아볼 수 있다. 쉼터의 종류는 보호기간에 따라 일시 쉼터, 단기 쉼터, 중·장기 쉼터로 나뉜다. 내담자가 중장기 쉼터를 희망하더라도 절차상 바로 입소가 어려울 경우가 있으므로 일시 쉼터나 단기 쉼터에 먼저 연계한 후 해당 기관에 내담자가 원하는 사항이 전달될 수 있도록 조치한다.

상담자 개입 질문 예시

▶ (보호 가능 자원 확인)

　"부모님께 말씀드리기 어려우면 선생님이 대신 말씀드려 줄 수 있어요."

　"내담자님의 사정을 알고 도움을 줄 수 있을 만한 다른 사람은 없나요?"

▶ (다른 보호 자원이 없는 경우)

　"내담자님이 안전하게 보호받을 수 있도록 쉼터를 안내해 드리려고 하는데 어떤가요?"

내담자가 연계된 기관으로 어떻게 갈 것인지도 반드시 확인한다. 내담자가 혼자 갈 수 없다면 관련 기관의 도움을 받을 수 있도록 조치해야 한다. 예

상담자 개입 질문 예시

(일시보호소 또는 쉼터 연계)

"현재 위치를 알려 주면 근처의 쉼터나 임시보호소에 전화해서 입소가 가능한지 물어볼게요."

"가장 근처에 있는 쉼터 위치가 ~네요. 혼자 이동할 수 있겠어요? 차비가 있나요?"

(긴급 출동 연계–청소년상담복지센터)
"내담자님, PC방 이용료나 교통비 지원이 가능한지 확인할 테니 조금만 기다려 주시겠어요?"

(긴급 출동 연계–112)
"내담자님이 있는 곳 주변의 파출소에서 쉼터로 안전하게 이동할 수 있게 도움을 주실 거예요."
"내담자님이 지금 있는 곳으로 경찰분들이 직접 찾아가서 쉼터로 데리고 가 주실 수 있는지 확인해 드릴까요?"

를 들어, 청소년상담복지센터 위기개입팀이나 경찰서에서 청소년이 안전하게 기관으로 도착할 수 있도록 도와줄 수 있으므로 필요하다면 해당 기관 담당자와도 연계한다. 내담자가 경찰의 도움을 받는 것을 불편해한다면 연계의도를 자세히 설명하고 무엇이 걱정되는지 정확하게 확인할 필요가 있다.

(4) 개인정보 파악

연계 가능한 기관을 확보하여 지원이 가능한 경우 내담자를 찾을 수 있는 정확한 정보가 필요하다. 혹시 개인정보를 알려 주는 것을 불편해하더라도 안심시켜 안전하게 보호될 수 있도록 개입하여야 한다.
　☞ (수집정보의 예) 내담자 이름, 연락처, 현 위치, 인상착의, 의복 색상 등

(5) 상담 종료

상담자는 내담자가 안전한 상황임을 확인하면 상담을 종료할 수 있다. 반

드시 연계된 기관으로 도착했는지, 그렇지 않으면 집으로 돌아갔는지 확인하고 다시 도움이 필요한 상황이 되면 상담서비스를 이용할 수 있도록 재초대한다.

가출 위기 사례 긴급개입 Q&A

Q. 가출한 뒤 도움을 요청하는 청소년에게 어떻게 개입해야 하나요?

A. 가출한 뒤 도움 요청 시 상담 요령

① 사전 대화

　－당황하지 말고 침착하게 수용적인 태도로 임하며, 가출한 청소년의 심정을 이해하도록 합니다. "얼마나 고생이 많았겠어요. 밥은 잘 먹고 다니나요?"

② 상황 탐색

　－필수 탐색질문을 이용하여 가출 상황 전반에 대해 탐색합니다.

③ 도움 확인

　－가출 청소년에게 절실한 도움이 무엇인지 확인합니다.

④ 해결책 모색 및 제시

　－긴급구조가 필요할 경우: 인근 쉼터와 지역 청소년상담복지센터의 긴급구조팀과 연계하여 출동할 수 있도록 하며, 돈을 요구하는 경우 공식적 지원이 어려움을 알리고, 다른 대안을 찾습니다.

　－긴급구조를 사양하고, 완강히 거부하는 경우 도움을 받을 수 있는 기관의 전화번호와 위치, 이동방법을 알려 줍니다.

Q. 가출한 청소년이 쉼터에 입소하면 부모님에게 연락을 하나요?

A. 쉼터 입소 후 보호자 연락 여부

　－가출 청소년 입소 시 보호자에게 연락함을 원칙으로 합니다. 다만, 가정폭력 및 학대로 인한 가출 등의 경우는 예외로 합니다.

　※ 운영위원회 등에서의 사전 가이드라인 제시 및 구체적 사례별 판정기준 마련

Q. 청소년 쉼터의 종류에 대해서 알려 주세요.

A. 유형별 쉼터 안내

구분	일시 쉼터	단기 쉼터	중장기 쉼터
보호 기간	24시간~7일 이내 일시보호	3개월 이내 단기보호 ※ 3개월씩 2회에 한하여 연장 가능 (최장 9개월)	3년 이내 중장기보호 ※ 1회 1년에 한하여 연장 가능(최장 4년)
이용 대상	가출 또는 거리 배회 · 노숙 청소년	가출 청소년	가출 청소년
운영 목적	가출 예방, 조기 발견, 초기 개입 및 보호	보호, 가정 및 사회 복귀	자립지원
기능	-위기개입상담, 진로지도, 적성검사 등 상담서비스 제공 -가출청소년 조기구조 · 발견, 단기 청소년 쉼터와 연계해 먹거리, 음료수 등 기본적인 서비스 제공 등 -의료서비스 지원 및 연계	-가출청소년 문제해결을 위한 상담 · 치료 및 예방 활동 -의식주, 의료 등 보호서비스 제공 -일시 · 중장기 청소년 쉼터와 연계 ※ 저연령 청소년(13세 이하)은 아동복지시설, 아동보호전문기관 등에 연계 권장	-가정 복귀가 어렵거나 특별히 장기간 보호가 필요한 위기청소년을 대상으로 학업 · 자립지원 등 특화된 서비스 제공 ※ 저연령 청소년(13세 이하)은 아동복지시설, 아동보호 전문기관 등에 연계 권장
위치	이동형(차량), 고정형(청소년유동지역)	주요 도심별	주택가

[참고] 위기 수준에 따른 개입 순서도

고위기
현재 가출하여 보호자원 연계가 필요한 상황

개인정보 확인
현재 위치, 연락처, 인상착의, 이름 확인

보호 가능 자원 확인
• 보호자 연락 가능 여부 • 기타보호 자원(선생님, 친척 등) • 쉼터 입소 희망 여부

내담자 정보 확보	내담자 정보 미확보
• CYS-Net 긴급구조 연계 • 지역 쉼터 입소 및 긴급구조 가능 여부 확인 (쉼터에서 긴급구조가 불가능할 경우 112 긴급구조 연계)	지역 쉼터 정보 안내

구조 확인 및 상담 종료	추후 상담 초대 및 상담 종료

입소 여부 확인

중·저위기
가출 가능성이 높은 상황 (가출호소, 가출준비 완료, 가출경험)

관련 기관 안내	문제해결 가능성 탐색
• 지역 청소년상담복지센터 안내 • 위기 시 1388 상담 방법 안내 • 지역 쉼터 안내	• 가출 충동 원인 탐색 • 가출 후의 상황 및 계획 탐색 • 대안 모색 • 대면상담으로 해결 방법 모색

개인정보 확보	
연락처, 이름, 지역	개인정보 미확보

기관 연계 및 추후 상담 초대	추후 상담 초대 및 상담 종료

상담 종료 후 가출 여부 확인

가출 위기 사례

◈ ○○○ 내담자가 입장(접속)했습니다.

상담자: 안녕하세요~!^^

내담자: 안녕하세요.

상담자: 네, 안녕하세요. 반가워요~ 어떤 고민이 있어서 상담실을 찾아 주셨나요?

내담자: 그게…… 제가 잘 데가 없어서요.

상담자: 음, 잘 데가 없다니…… ① _____

내담자: 네.

상담자: 아이구……. 그렇군요. 지금 현재는 어떤 상황인가요?

내담자: 어…… 있는 돈 가지고 PC방에 와 있는데, 한두 시간 정도밖에 못 있을 것 같아요. 혹시 돈을 빌릴 수 있다든가 잠깐이라도 잘 수 있는 곳이 있을까요……?

상담자: 에고ㅠ PC방에 있는 거군요. 선생님이 도움을 주고 싶은데, 어떻게 하면 조금 더 내담자님에게 맞는 도움을 줄 수 있을지 알아보기 위해서 질문을 몇 개 하려고 해요. 괜찮을까요?

내담자: 네.

상담자: 고마워요. ② _____

내담자: 하루 정도……. 어제 저녁에 나왔어요.

상담자: 그랬군요. 그럼 어젯밤에는 어디서 지냈나요?

내담자: 친구 부모님이 어제 안 계시다고 해서 친구 집에서 잤어요.

상담자: 그래도 어제는 잘 데가 있었군요. ③ _____

내담자: 음…….

상담자: 편안한 마음으로 천천히 이야기해 주세요.

내담자: 네. 어, 사실은 아빠한테 혼날 것 같아서요.

상담자: 아빠한테 혼날 거라고 생각하는 이유가 있나요?

내담자: 아빠가 한번 화나면 엄청 무서운데……. 거짓말하는 걸 엄청 싫어해요. 이번에 시험을 망쳤는데 성적표가 나왔거든요. 근데 말하기 무서워서 성적표가 아직 안 나왔다고 거짓말을 했어요. 어차피 곧 알게 될 건데 거짓말까지 했다고 더 혼날 것 같아서 그냥 나와 버렸어요.

상담자: 아이고……. 혼날까 봐 나도 모르게 거짓말을 하게 됐군요. 얼마나 걱정이 됐으면 집까지 나와서 몸도 마음도 고생했을 걸 생각하니 선생님도 속상하고 걱정되네요. 가출 후에 집에서 연락은 안 왔나요?

내담자: 연락 올까 봐 휴대폰 놓고 나왔어요.

상담자: 그러면 지금 집에서 내담자님을 찾고 있을 것 같은데, 집에 들어가고 싶은 마음은 없어요?

내담자: 그럴 것 같긴 한데……. 그냥 들어갈까 생각도 해 봤는데 지금 들어가면 가출한 것까지 해서 더 혼날 것 같아요. 못 들어가겠어요.

상담자: 가출한 것 때문에 더 혼날까 봐 걱정이 되는군요.

내담자: 네…….

활동

활동 1. 사례를 읽고 ①~③ 빈칸에 들어갈 적절한 상담자의 반응이 무엇인지 생각해 보고, 필수 탐색질문을 참고하여 빈칸에 작성해 봅시다.

▶ 가출 상황 전반에 대한 탐색
 –"어떻게 나오게 되었나요?"
 –"집을 나오게 된 이유가 있나요?"
 –"가출한 지 얼마나 되었나요?"
 –"나와 보니까 어떤 점이 힘든가요?"
 –"지금 어디에서 지내고 있나요?"
 –"그동안 어떻게 지냈나요?"
 –"용돈은 어떻게 충당하고 있나요?"

▶ 필요한 도움 확인
 –"어떤 도움이 필요한가요?"
 –"어떻게 도와주면 좋을까요?"

활동 2. 사례에서 내담자의 보호자원은 어떤 것이 있을지 생각해 보고 세 가지 이상 적어 보세요.

_____

_____

_____

활동 3. 내담자를 보호하기 위해 개입할 경우 상담자로서 어떤 대안을 제시할 수 있을지 논의해 봅시다.

_____

_____

_____

[참고] 필수연계기관의 협력의무 법령정보 TIP

제4조(지역사회 청소년통합지원체계 구성 등) ③ 필수연계기관은 담당 업무와 관련되어 위기청소년에 대한 지원 의뢰가 있는 경우에 최우선적으로 필요한 지원을 할 수 있도록 상호 협력하여야 한다.

④ 필수연계기관의 협력의무 등에 관한 구체적인 사항은 다음 각 호와 같다.

1. 지방자치단체: 통합지원체계의 활성화를 위하여 필수연계기관의 활동을 상호 연계하거나 협력을 촉진하기 위한 조치의 추진
2. 시·도 교육청 및 교육지원청: 관할지역 안의 학교폭력, 학업중단 등 위기상황에 처한 학생에 대한 상담 지원 의뢰 및 학교 내 상담 활성화를 위한 협조
3. 각급 학교: 해당 학교의 학생이 학교폭력 등 위기상황, 학교부적응 등의 사유로 결석하거나 자퇴를 희망하는 경우 또는 그 밖에 전문적인 상담서비스의 제공이 필요하다고 판단되는 경우 상담지원 의뢰
4. 청소년비행예방센터: 위기청소년에 대한 비행예방교육 및 상담활동 협조
5. 경찰관서: 가출 등으로 위기상황에 처한 청소년을 발견한 경우 보호 의뢰 및 긴급구조를 필요로 하는 위기청소년에 대한 구조 협조

6. 지방고용노동관서: 위기청소년에 대하여 직업훈련 또는 취업지원을 요청하는 경우 이에 대한 협조

7. 공공보건의료기관 및 보건소: 위기청소년에 대하여 진료 또는 치료지원을 요청하는 경우 이에 대한 협조

8. 청소년복지시설 및 청소년지원시설: 청소년에 대한 일시 · 단기 또는 중장기적 보호 협조

9. 학교 밖 청소년 지원센터: 위기청소년에 대하여「학교 밖 청소년 지원에 관한 법률」제12조 제2항에 따른 업무에 관한 지원을 요청하는 경우 이에 대한 협조

10. 보호관찰소: 보호관찰 대상 청소년에 대하여 전문적인 상담 · 복지서비스의 제공이 필요하다고 판단되는 경우 상담 · 복지지원 등의 의뢰

「청소년복지 지원법 시행령」

2) 자살

청소년기는 아동에서 성인으로 성장하는 전환기로 신체적, 심리적 발달이 급격하게 일어나, 특유의 발달과업을 수행해야 하는 매우 중요한 시기(Havighurst, 1972)로 많은 스트레스와 갈등을 경험하게 된다. 특히 과중한 학업 부담, 가족 내 돌봄 기능 및 정서적 지지기반의 약화 등으로 다양한 정서행동문제를 일으킬 수 있으며, 그중 가장 심각한 문제는 자살이라고 할 수 있다(김준범, 홍성희, 홍현주, 2019).

세계보건기구는 자살을 죽음의 의도와 동기를 인식하면서 자신에게 손상을 입히는 행위라고 하였고, Baumeister(1990)는 '자기로부터의 도피', 즉 '자기와 관련된 고통스런 감정과 생각으로부터 도피하기 위한 수단'으로 자살을 개념화했다. 청소년들 역시 심리적, 신체적 변화를 겪고 있어 혼자 감당

하기 어려운 상황에 직면하게 되면, 가장 극단적인 해결책으로 자살을 선택하고 있다. WHO는 「정신건강실행계획 2013~2020」에서 자살을 우선적으로 해결해야 할 문제로 정하였으며, 청소년을 자살 취약군으로 분류하기도 했다(WHO, 2013).

청소년기 자살의 특징은 다음과 같다(김운삼, 구서연, 2019). 첫째, 갑작스러운 스트레스나 어려움을 피하려는 충동적 욕구, 남을 조종하려는 의도, 자신을 부당하게 대했다고 생각하는 가족이나 친구들에 대한 보복 등이 자살의 동기가 될 수 있다(Glaser, 1981). 둘째, 사전 계획 없이 시도되며 다분히 감정적인 상태이다. 셋째, 진정으로 살 의욕과 동기를 상실한 경우와 극도로 좌절되고 낙담한 상태에서 도움을 청하고 관심을 끌기 위해 자살을 시도하는 경우, 이 두 가지가 혼합된 경우로 나눌 수 있다. 주로 두 번째와 세 번째 경우가 더 많이 관찰된다고 할 수 있다.

이렇게 청소년은 자살을 자신이 겪고 있는 많은 스트레스와 갈등에서 벗어나기 위한 해결책이라 생각할 수 있으며, 실제로 자살하려는 의도를 가지고 자살하기보다 자신의 괴로움을 극단적으로 표현하려는 수단으로 선택하는 경우가 많다. 하지만 자살 감행 자체는 순간적이라 하더라도 자살 생각과 기도 등의 준비과정이 있는 경우가 많으며 이로 인해 계획적인 자살이 많은 것으로 보여진다(황순길, 박재연, 이혜정, 2016).

(1) 호소문제 확인 및 위기수준 평가

내담자가 사이버상담에서 죽고 싶다고 하거나 자살의지를 밝힌 경우, 자살을 하려는 동기, 자살시도 경험, 정신건강 상태, 실행 계획, 보호자원 등을 탐색하여 구체적인 상황을 파악해야 한다. 내담자는 상담자의 질문에 답하는 과정을 통해 자신의 생각에 고립된 채 현실감을 잃은 상태에서 벗어날 수도 있다.

하지만 초보 상담자일수록 자살에 대해 구체적으로 이야기하는 것이 오히

필수 탐색 질문 예시

- 자살 생각은 언제부터, 얼마나 자주해 왔나요?
- 자살을 하고 싶다고 생각하게 된 사건이 있었나요?
- 최근 스트레스를 많이 받았나요?
- 혹시 이전에 자살시도를 해 본 적이 있나요?
- 이전에 자해를 한 경험이 있나요?
- 어떻게 자살할지에 대해 구체적으로 생각해 본 적이 있나요? (있다면) 생각해 둔 날짜가 있나요?
- 이전에 자해를 한 경험이 있나요?
- 우울증 진단을 받은 적이 있거나 우울감으로 힘든 상태인가요?
- 일상생활은 평소와 같이 유지되고 있나요?(수면, 식사, 외출 등)
- 혹시 술을 마셨거나, 약이나 칼처럼 자살에 쓰이는 도구를 갖고 있나요?
- 자살을 하기 위해 어떤 계획을 세웠나요?
- 지인 중 자살로 잃은 사람이 있나요?
- 혹시 자살충동을 참기 어려울 때 누군가 곁에서 도와줄 사람이 있나요?

려 내담자에게 자극이 될까 봐 조심스러워하기도 하며 심지어 그 문제를 회피하기도 한다. 이런 상담자의 마음은 내담자의 위기상황을 적극적으로 대처하지 못하게 하는 장애요인이 될 수 있으므로 반드시 점검해 볼 필요가 있다.

상담자는 탐색질문을 통해 파악된 정보를 토대로 내담자가 처한 위기수준을 탐색할 수 있어야 한다. 위기수준은 고위기, 중위기, 저위기로 나눠서 평가할 수 있으며 고위기는 자살에 대해 구체적인 계획이 있고 치명성 높은 자살도구, 24시간 이내에 자살시도를 할 가능성, 과거 자살시도 경험이 있으며 현재 정신건강 문제가 심각해 보이고 상담에 비협조적인 경우를 말한다. 중위기는 치명성 낮은 자살도구, 막연한 자살계획 또는 과거 정신과 치료력이 있고 상담에 대해 양가적인 태도가 있는 경우이다. 저위기는 자살사고만 있

표 7-3 위기수준 평가 기준

구분	고위험	중위험	저위험
정신상태 위험성 -우울함 -정신병적 -무망감, 절망 -죄책감, 수치심, 분노, 불안 -충동적	-심각한 우울증 -명령하는 환청 또는 죽음에 대한 망상 -무망감, 절망, 무가치 함에 대한 몰입 -심한 분노, 적개심	-보통의 우울증 -약간의 슬픔 -약간의 정신과적 증상 -약간의 무망감 -보통의 분노, 적개심	-가벼운 우울증, 슬픔 -정신과적 증상 없음 -미래에 대한 희망 있음 -가벼운 분노, 적개심
자살시도/자살사고 -의도성 -치명성 -자살수단의 접근 -과거 자살시도	-지속적/뚜렷한 사고 -명확한 의도 -치명성 높은 시도	-빈번한 사고 -낮은 치명성의 다양 한 시도 -반복되는 위협	-가볍거나 막연한 사고 -최근 시도가 없거나 치명성과 의도성이 낮은 1회 시도
물질장애 -현재 알코올이나 기타 약물 남용	-현재 물질의 중독, 남 용, 의존	-물질의 중독, 남용, 의 존의 위험	-가볍거나 아주 드물 게 물질 사용
보호자원 -보호자원의 유용성	-보호자원이 없거나 연 락처 확보가 어려움 -상담자의 도움 거절	-보호자원이 있으나 일관된 도움 불가 -도움에 대해 양가적	-자발적이고 일관된 도움 가능 -도움을 수용함

출처: NSW Health (2004).

고 자살계획은 없으며 상담에 협조적인 경우를 말한다. 고위기로 평가한 경우 전문기관이나 보호자원을 통해 안전을 확인하고 보호조치될 수 있도록 개입해야 한다.

(2) 정서적 지지 및 안정화

내담자에게 탐색질문을 할 때는 취조당하는 느낌이 들지 않도록 정서적 공감과 지지가 필요하다. 지금까지 힘든 마음을 잘 견뎌 온 것, 해결방법을 찾기 위해 상담실에 스스로 찾아온 것 등에 대해 지지해 줌으로써 관계형성을 하는 것이 중요하다.

자살위기의 청소년들은 자신의 감정을 표현하거나 다른 사람에게 자신의 힘든 마음을 표현하는 것에 익숙하지 않은 경우가 많다. 자신의 어려운 상황에 대해 누구에게도 도움받지 못할 것이라는 무망감에 더욱 힘들어하고 있을 수 있으므로 상담자가 그 마음을 잘 읽어서 헤아려 주는 것만으로도 내담자는 정서적 안정감을 찾을 수 있다.

(3) 대안 찾아보기

자살을 선택했을 때는 자신이 처한 문제를 스스로 해결할 수 없다고 생각하는 경우가 대부분이다. 이런 상태의 자살위기 청소년과 대안을 찾는 것 자체가 불가능해 보일 수도 있다. 하지만 훈련된 상담자는 내담자에게 위로와 공감으로 마음을 안정시키고 내담자가 객관적인 관점으로 자신의 상황을 들여다볼 수 있는 기회를 만들어 주기 위해 노력할 수 있어야 한다.

자살이라는 벗어날 수 없는 굴레에 있는 내담자에게 객관적인 관점에서 자신을 바라볼 수 있게끔 도와줄 수 있는 질문은 다음과 같다.

> • 자살은 어떤 의미가 있나요? 자살을 하게 되면 얻는 것이 무엇이라고 생각되나요?
> • 자신에게 수용적인가요, 억압적인가요?
> • 자신에게 어려운 일이 닥쳤을 때 어떤 방법으로 대처하나요?

자살이 자신에게 어떤 의미가 있다고 생각하는지 질문을 하다 보면 내담자 스스로 자신의 생각에 오류가 있다는 것을 깨달을 수 있다. 그리고 현재 상황에 처해 있는 자신을 어떻게 생각하는지, 자신에게 수용적인지 억압적인지 묻는 질문을 통해서 스스로를 얼마나 괴롭혀 왔는지도 알 수 있다. 내담자 스스로 자신의 잘못된 생각과 신념을 바라봄으로써 자신의 생각을 수정하고 스스로에게 기회를 줄 수 있는 전환점을 찾을 수 있도록 상담자가 도와야 한다.

또한 이전에 자신이 어떤 노력과 대처를 했었는지 확인하는 질문은 자신의 강점을 떠올려 볼 수 있게 하고 현재 문제 상황에서 자살을 선택하지 않을 조건이 무엇인지 묻는 질문은 현재 상황에 단계적으로 접근할 수 있도록 도와준다. 불안하고 무기력한 감정에 압도당하면 자신의 강점과 문제해결의 실마리를 찾을 수 없기 때문에 자살위기를 다루는 상담자는 이런 질문을 효과적으로 활용할 수 있는 기술을 익힐 필요가 있다.

(4) 개인정보 파악

위기청소년을 지원해 줄 수 있는 전문기관으로 연계하기 위해 내담자에게 긴급구조 및 기관 연계 목적을 안내하고 내담자를 특정하거나 보호조치할 수 있는 정보를 제공받는다. 내담자가 개인정보 제공을 원하지 않을 경우, 정보를 조합해서 내담자를 찾을 수 있도록 학교와 학년, 살고 있는 지역 등 다양한 개인정보를 탐색한다.

☞(수집정보의 예) 내담자의 이름, 나이, 학교, 학년, 연락처, 현 위치 및 보호자 연락처 등

(5) 비밀보장의 한계 고지

사이버상담에서는 상담자와 내담자가 서로의 얼굴과 목소리를 확인하지 않고 이야기를 나누게 되고, 기본적으로 상담자는 내담자의 상담정보에 대해 비밀보장의 의무가 있기 때문에 편안하고 솔직하게 대화할 수 있다. 하지만 상담장면에서 내담자 자신이나 타인의 목숨이 위험할 수 있는 경우에는 내담자의 비밀보장에 한계가 있다. 자살은 내담자 스스로 생명을 위협할 수 있는 위험한 상황이므로 24시간 안에 자살시도 계획이 있거나 정신이 온전

하지 않은 상태로 인해 내담자의 안전을 확신할 수 없는 경우라면 상담자가 파악한 내담자의 정보로 112, 119에 긴급구조를 요청하거나 보호자에게 알려야 한다. 그리고 내담자에게도 상담자의 지원방향과 이후의 상황에 대해 알려 줄 필요가 있다.

내담자가 전문기관의 직접적인 도움을 받는 것을 거절하거나 자신의 정보를 알려 주는 것을 원하지 않을 수도 있다. 그렇더라도 내담자의 안전이 확보되지 않은 상황이라면 상담자가 다른 기관이나 보호자에게 보호요청을 해야 함을 내담자에게 반드시 고지해야 한다. 초보 상담자의 경우 내담자에게 비밀보장의 한계를 고지하는 것을 놓치거나 어려움을 느끼기도 한다. 하지만 내담자는 제3자가 자신의 문제에 개입하는 것을 마음으로 준비할 시간이 필요하며, 상담자의 구체적인 설명을 통해 상담자의 역할과 자신을 돕고자 하는 의도를 잘 이해할 수 있게 된다.

이와 반대로 내담자의 어려운 상황과 위기수준을 구체적으로 탐색하지 않고 상담자의 신고 의무나 신고기관만을 무조건 언급하는 것은 지양해야 한다. 사이버상담에서 내담자의 마음을 안정시키고 내담자 스스로 무엇을 할 것인지 되돌아볼 수 있는 개입은 충분히 시도해 볼 수 있다. 내담자가 자살을 선택하고 사이버상담실로 입장한 이유는 분명히 있기 때문이다.

(6) 상담 종료

상담자는 내담자가 안전한 상황임을 확인하면 상담을 종료할 수 있다. 내담자가 안전한 상황이라는 것은 내담자가 자살을 유예하거나 보호자나 전문기관에 내담자의 자살위기를 알려 물리적으로 보호를 받을 수 있도록 조치 및 확인한 상태를 말한다. 내담자를 전문기관에 연계한 상태에서 상담이 종료되었다면 이후 사후관리를 통해 마음이 안정되었는지, 적절한 서비스를 받고 있는지 확인해 보는 절차가 추가되어야 한다.

자살위기 사례 긴급개입 Q&A

Q. 자살위기 청소년 긴급구조 시 어떻게 대응해야 하는지 알려 주세요.

A.

① 주변에 자살도구가 있다면 치우도록 합니다.

② 자살생각 및 계획에 대해 직접적으로 묻고 대화를 시도합니다.

　－자살생각: 지금 자살하고 싶은 생각이 드나요?

　－자살계획 및 방법: 자살을 하는 데 필요한 도구들이 준비되어 있나요?(칼, 끈, 약 등)

③ 과거 자살시도 경험이 있는지 확인합니다.

　－이전에 자살시도를 한 적이 있나요?

④ 자살을 하려는 사람의 감정을 동정하지 않고 공감합니다.

⑤ 자유롭게 충분히 이야기할 수 있도록 해 주며, 경청하고 공감하며 지지합니다.

⑥ 결정적인 대처방법을 제시하지 않고, 논쟁을 하지 않습니다.

　－자살을 시도하는 상황에서는 심리적으로 안정적이지 않기 때문에 공격적이거나 적대감을 표현할 수 있으며, 이때 어떤 방법이 좋고 나쁜지에 대해 이야기하지 않아야 합니다.

　－단순한 조언이나 반대의 의견은 공감받지 못한다는 느낌을 줄 수 있고, 논쟁하는 상황이 될 수도 있으니 피해야 합니다.

⑦ 비밀보장을 약속하지 않습니다.

　－"비밀은 보장되지만, 내담자님이나 다른 사람이 위험에 처하거나 그럴 가능성이 있는 상황에서는 다른 기관에 도움을 요청할 수도 있다는 점을 양해 부탁드립니다." 등의 안내를 합니다.

⑧ 전문 상담기관의 정보를 제공하여 도움을 받을 수 있도록 합니다.

　－당장 긴급구조가 필요하지 않은 중 · 저위기의 사례라도 고위기로 발전할 수 있는 가능성은 존재하며, 자살을 생각할 정도로 심리적 고통에 시달리

　　는 상황이므로 내담자의 동의를 얻어 근처 지역센터에 연계를 통해 도움
　　을 받을 수 있도록 해야 합니다.

Q. 자살위기 청소년에게 어떤 기관을 연계해야 하나요?

A. 정신건강복지센터나 자살예방센터에 연계할 수 있습니다.

구분	정신건강복지센터	자살예방센터
지원대상	중증 정신질환자, 지역사회 내 만 18세 이하 아동 · 청소년(미취학 아동 포함), 지역사회 내 취약계층 아동 · 청소년, 청소년쉼터 · 공동생활 가정 · 아동복지시설의 아동 · 청소년	자살시도를 고민하는 사람, 자살을 시도한 사람, 주변인의 자살로 정서적 어려움을 겪는 자살 피해자들
지원내용	상담과 사례 관리 등 정신건강서비스	전화상담, 게시판상담, 대면상담, 방문상담(찾아가는 상담)
신청방법	시 · 도 · 군 · 구의 정신건강복지센터에 방문하여 신청	
문의처	보건복지부 콜센터 129	중앙자살예방센터 02-3706-0500

Q. 자살상담 진행 시 주의할 점에는 어떤 것이 있나요?

A.

① 비밀보장의 한계 (선택적 비밀보장)

　　-상담내용은 비밀보장이 원칙이지만, 내담자가 자해 및 타해 위험이 있을
　　경우 비밀보장을 할 수 없으며 보호자, 112, 119 등에 위험을 고지할 수 있
　　습니다.

② 상담자의 자기개방

　　-내담자 문제와 연결되는 개인 경험을 적절히 개방한다면 청소년과의 촉
　　진적 관계 형성에 도움이 될 수 있습니다.

③ 대안을 시사하기

　　-명령조의 대화는 내담자가 마음의 문을 닫게 만들 수 있으며, 내담자에게
　　선택의 기회를 주면 생산적인 대안을 찾는 데 협조할 수 있습니다.

④ 공감적일 것
　－청소년의 행동에 제재를 가하면서도 감정과 경험에 관심을 가져야 합니다.
　－행동에 제재를 가할 때 행동 이면의 의도와 감정을 상담자가 이해하고 있음을 전달합니다.
　－청소년들의 입장을 이해하고 관심을 가지고 있음을 전달합니다.
　－통제나 무조건적 허용은 행동 제재에 효과적이지 못하므로 참고하여 개입하여야 합니다.
⑤ 옹호자로서의 상담자
　－청소년의 부모와 교사에게 청소년의 어려움을 설명함으로써 이해를 도와야 합니다.

Q. 자살위기 청소년에게 자살생각을 멈추게 할 만한 질문은 어떤 것이 있나요?

A. 자살생각을 멈추게 할 만한 질문
① 당신의 삶에서 어떤 것들이 계속 살고 싶도록 만드나요?
② 당신이 이렇게 힘든 상황에 있다는 것을 아는 사람이 있나요?
③ 지금 당장 누가 당신을 도울 수 있나요?
④ 지금처럼 어려울 때 당신 편이 되어 줄 수 있는 사람은 누구인가요?
⑤ 당신이 얼마나 힘든지 종교인(신부님, 스님, 목사님 등)에게 이야기했나요?
⑥ 당신이 이런 일을 겪고 있는 것을 안다면 슬퍼할 사람은 누구인가요?
⑦ 당신이 아직 끝내지 못한 일은 무엇인가요?
⑧ 당신이 죽기 전에 꼭 해 보고 싶은 일은 무엇인가요?
⑨ 자살하려고 할 때 마음에 걸리는 생각은 무엇인가요?
⑩ (기타) 학교, 애완동물, 타인, 직장에 대한 책임감 등을 확인

[참고] 위기 수준에 따른 개입 순서도

고위기	중위기	저위기
명백한 자살계획, 자살수단 접근 가능, 분명한 정신장애, 분명한 알코올/약물 상태, 급박한 위기가 있는 불안정한 심리상태	자살에 대한 지속적 생각, 구체적 자살계획 없음, 정신장애에 대한 약간의 증거, 불안정한 심리적 상황, 간헐적 위험행동	자살에 대한 일시적 생각, 자살계획 없음, 정신장애 없음, 알코올/약물 남용 없음, 비교적 안정적인 심리적 상황

긴급개입 안내	보호조치 안내	
위기로부터 내담자를 보호하기 위해 보호자에게 연락 또는 긴급구조 필요성 설명	위기로부터 내담자를 보호하기 위한 비밀보장의 한계에 대해 내담자에게 안내	외부 기관 연계 안내 및 추후 상담 초대

정보수집	정보수집	
내담자 및 보호자의 이름, 연락처, 주소, 현 위치 파악	내담자 및 보호자의 이름, 연락처, 주소, 현 위치 파악(고위기로 발전 시 개입)	사후관리

내담자 정보 확보	내담자 정보 미확보	외부 기관 연계 안내 및 추후 상담 초대
보호자 연락 또는 112/119 신고	내담자 IP 정보 등으로 112 신고	사후관리

구조 후 기관 연계

사후관리

자살위기 사례

다음 상담 내용을 읽고, 질문에 답해 보세요.

◈ ○○○ 내담자가 입장(접속)했습니다.

상담자: 안녕하세요~! ^^

내담자: 안녕하세요……. 지금 얘기해도 되나요?

상담자: 네, 그럼요! 만나서 반갑습니다. 어떤 얘기를 나누고 싶어서 상담실을 찾아 주셨나요?

내담자: 자꾸 죽고 싶은 충동이 들어서요.

상담자: 죽고 싶을 만큼 힘든 일이 있었나 봐요……. 무슨 일인지 얘기해 줄 수 있을까요? 내담자님을 이렇게 힘들게 만드는 일이 뭔지 듣고 싶어요.

내담자: 그냥……. 저는 살 가치가 없는 사람인 것 같아요.

상담자: 어떻게 그런 생각을 하게 되었을까요……. 내담자님은 누구보다 소중한 사람인데요.

내담자: 공부도 못하고, 끈기가 있는 것도 아니고 친구도 없고, 무엇 하나 잘하는 게 없어요.

상담자: 에구, 그런 생각을 하게 될 정도로 힘들었군요. 스스로를 그렇게 생각하고 있다면 정말 살 가치가 없다고 느껴질 것 같아요. 사실 그렇지 않은데요…….

내담자: 죽고 싶다고 생각할 때마다 베란다 난간 앞에도 서 보고, 다리 위에도 가 보고, 몰래 우울증 약도 안 먹고 모아 뒀었는데 그땐 용기가 없어서 시도는 못 해 봤어요.

상담자: 실제로 시도를 해 보려고 했을 정도로 마음이 어려웠군요. 그래도 결국 하지 않았다니 정말 다행이에요.

내담자: 살 이유도 없으면서 뭐가 그렇게 무서웠는지……. 조금 더 산다고 달라지는 건 아무것도 없는데요.

상담자: 그런 생각을 했네요. 내담자님, 언제부터 그런 생각을 하게 됐어요? 무엇이 내담자님을 그렇게 생각하게 만드는지 말해 줄 수 있나요? 내담자님을 괴롭히는 일이 뭔지 선생님이 들어 보고 싶어요.

내담자: 아무리 노력해도 애를 쓰는 만큼 성적이 안 올라요. 이번 중간고사 성적이 나왔는데, 지난번보다 더 떨어졌어요. 아빠가 그렇게 공부할 거면 지금 그만두고 취직이나 준비하라고 하더라고요. 언니 등록금도 내야 하는데 너 같은 애까지 재수시켜 줄 여유 없다고요. 저는 정말 노력한다고 생각했는데요, 그게 아니래요. 잠을 줄여 가며 공부해도 성적은 안 오르고, 나도 너무 속상하고 힘든데 부모님은 그 정도 노력은 누구나 하는 거래요. 제가 열심히 안 해서 그런 거고 결과로 보여야 그게 진짜 노력하는 거래요. 그럼 전 여태까지 뭘 한 거예요……?

상담자: 에고……. 누구보다 노력하고 있는데 부모님은 그걸 인정하지 않으시는 모양이네요.

내담자: 그래도 며칠 전까지는 내가 어떻게든 노력하다 보면 조금은 나아지지 않을까, 나를 생각해 주고 이해해 주지 않을까, 그렇게 생각하면서 버텼는데…… 이젠 아니라는 걸 알았어요. 오늘 아침에도 너무 피곤해서 등교 준비가 약간 늦었는데 엄마가 공부도 못하는 게 성실하지도 않으면 어디다 쓰냐고, 학교는 뭐하러 가냐고 하더라고요. 내가 하고 있는 게 노력도 아니고 아무것도 아니라는데, 뭘 더 어떻게 해야 할지 모르겠어요. 인정받으려고 애쓴 시간이 다 부질없게 느껴져요. 이젠 정말 살 이유가 없는 것 같아요.

상담자: 애쓴 만큼 성적이 오르지 않는 내담자님이 누구보다 제일 힘들 텐데 부모님까지 그렇게 이야기하시니 얼마나 속상할까요.

내담자: 제가 죽으면 다 행복해질 것 같아요. 아빠 엄마도 노력해도 안 되는 나 같은 애한테 공부시킨답시고 돈 안 들여도 되고, 저도 더 이상 애쓰지 않고 편해지고요.

상담자: 절대 그렇지 않아요. 부모님도 내담자님이 그렇게 생각하기를 원해서 말씀하신 게 아닐 거예요.

내담자: 사실은 오늘 죽으려고 떨어질 만한 장소를 알아봐 놨어요. 죽기 전에 누구한테라도 제 마음이 이렇다고 얘기해 보고 싶어서 온 거예요.

행동

활동 1. 사례를 읽고 상담자로서 내담자의 위기수준을 판단해 보고, 위기 수준에 따른 개입 순서도에 따라 상담자의 단계별 개입방향을 작성해 보세요.

활동 2. 내담자에게 위기개입을 해야 하는 상황이라고 판단했을 경우를 가정하여 다음 질문에 답해 봅시다.

2-1) 앞 사례에서 위기개입을 위해 파악해야 할 필수 정보는 무엇일지 생각해 보고, 적절한 탐색질문을 만들어 보세요.

2-2) 앞 사례의 상담자가 되어 내담자에게 긴급구조에 대한 의무사항 및 필요성을 설명해 보세요.

활동 3. 내담자와의 상담이 중간에 종료되었다면 이후 상담자의 적절한 조치가 무엇일지 논의해 봅시다.

[참고] 자살관련 법령정보 TIP

▶ 자살 및 자살시도
• 형법상 죄에 해당되지 않는다.

▶ 자살 교사 및 방조 등
•「형법」제252조(촉탁, 승낙에 의한 살인 등) ① 사람의 촉탁이나 승낙을 받아 그를 살해한 자는 1년 이상 10년 이하의 징역에 처한다.
  ② 사람을 교사하거나 방조하여 자살하게 한 자도 제1항의 형에 처한다.

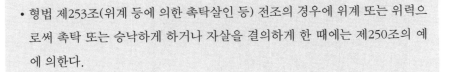

- 형법 제253조(위계 등에 의한 촉탁살인 등) 전조의 경우에 위계 또는 위력으로써 촉탁 또는 승낙하게 하거나 자살을 결의하게 한 때에는 제250조의 예에 의한다.

▶ 보호 및 치료

자해 및 자살 시도 등 자타의 위협이 있는 경우 [정신건강증진 및 정신질환자 복지서비스지원에 관한 법률]에 따라 정신의료기관 또는 정신요양시설에 입원하게 할 수 있다.

- 제41조(자의입원 등) ① 정신질환자나 그 밖에 정신건강상 문제가 있는 사람은 보건복지부령으로 정하는 입원 등 신청서를 정신의료기관 등의 장에게 제출함으로써 그 정신의료기관 등에 자의입원 등을 할 수 있다. ③ 정신의료기관 등의 장은 자의입원 등을 한 사람에 대하여 입원 등을 한 날부터 2개월마다 퇴원 등을 할 의사가 있는지를 확인하여야 한다.

- 제43조(보호의무자에 의한 입원 등) ① 정신의료기관 등의 장은 정신질환자의 보호의무자 2명 이상(보호의무자 간 입원 등에 관하여 다툼이 있는 경우에는 제39조 제2항의 순위에 따른 선순위자 2명 이상을 말하며, 보호의무자가 1명만 있는 경우에는 1명으로 한다)이 신청한 경우로서 정신건강의학과 전문의가 입원 등이 필요하다고 진단한 경우에만 해당 정신질환자를 입원 등을 시킬 수 있다. 이 경우 정신의료기관 등의 장은 입원 등을 할 때 보호의무자로부터 보건복지부령으로 정하는 바에 따라 입원 등 신청서와 보호의무자임을 확인할 수 있는 서류를 받아야 한다.

  ② 제1항 전단에 따른 정신건강의학과 전문의의 입원 등 필요성에 관한 진단은 해당 정신질환자가 다음 각 호의 모두에 해당하는 경우 그 각각에 관한 진단을 적은 입원 등 권고서를 제1항에 따른 입원 등 신청서에 첨부하는 방법으로 하여야 한다.

  1. 정신질환자가 정신의료기관 등에서 입원치료 또는 요양을 받을 만한 정도 또는 성질의 정신질환을 앓고 있는 경우

2. 정신질환자 자신의 건강 또는 안전이나 다른 사람에게 해를 끼칠 위험(보건복지부령으로 정하는 기준에 해당하는 위험을 말한다. 이하 같다)이 있어 입원 등을 할 필요가 있는 경우

③ 정신의료기관 등의 장은 정신건강의학과전문의 진단 결과 정신질환자가 제2항 각 호에 모두 해당하여 입원 등이 필요하다고 진단한 경우 그 증상의 정확한 진단을 위하여 2주의 범위에서 기간을 정하여 입원하게 할 수 있다.

④ 정신의료기관 등의 장은 제3항에 따른 진단 결과 해당 정신질환자에 대하여 계속 입원 등이 필요하다는 서로 다른 정신의료기관 등에 소속된 2명 이상의 정신건강의학과전문의(제21조 또는 제22조에 따른 국립·공립의 정신의료기관 등 또는 보건복지부장관이 지정하는 정신의료기관 등에 소속된 정신건강의학과전문의가 1명 이상 포함되어야 한다)의 일치된 소견이 있는 경우에만 해당 정신질환자에 대하여 치료를 위한 입원 등을 하게 할 수 있다.

• 제44조(특별자치시장·특별자치도지사·시장·군수·구청장에 의한 입원) ① 정신건강의학과전문의 또는 정신건강 전문요원은 정신질환으로 자신의 건강 또는 안전이나 다른 사람에게 해를 끼칠 위험이 있다고 의심되는 사람을 발견하였을 때에는 특별자치시장·특별자치도지사·시장·군수·구청장에게 대통령령으로 정하는 바에 따라 그 사람에 대한 진단과 보호를 신청할 수 있다.

② 경찰관(「국가공무원법」 제2조 제2항 제2호에 따른 경찰공무원과 「지방공무원법」 제2조 제2항 제2호에 따른 자치경찰공무원을 말한다. 이하 같다)은 정신질환으로 자신의 건강 또는 안전이나 다른 사람에게 해를 끼칠 위험이 있다고 의심되는 사람을 발견한 경우 정신건강의학과 전문의 또는 정신건강 전문요원에게 그 사람에 대한 진단과 보호의 신청을 요청할 수 있다.

③ 제1항에 따라 신청을 받은 특별자치시장·특별자치도지사·시장·군수·구청장은 즉시 그 정신질환자로 의심되는 사람에 대한 진단을 정신건강의학과 전문의에게 의뢰하여야 한다.

• 제50조(응급입원) ① 정신질환자로 추정되는 사람으로서 자신의 건강 또는 안전이나 다른 사람에게 해를 끼칠 위험이 큰 사람을 발견한 사람은 그 상황이 매우 급박하여 제41조부터 제44조까지의 규정에 따른 입원 등을 시킬 시간적 여유가 없을 때에는 의사와 경찰관의 동의를 받아 정신의료기관에 그 사람에 대한 응급입원을 의뢰할 수 있다.

3) 폭력(가정폭력, 성폭력, 학교폭력, 사이버폭력)

청소년의 위기에서 폭력은 다양한 유형으로 분류된다. 가해자와의 관계, 폭력행위 등에 따라 가정폭력, 성폭력, 학교폭력, 사이버폭력 등으로 나누어지며 이 중 가장 빈번한 폭력은 가족 간에 이루어지는 가정폭력이다.

가정폭력은 가족구성원 사이의 신체 및 정신적 또는 재산상 피해를 수반하는 행위로 부부 폭력뿐 아니라 아동 · 청소년에 대한 폭력도 포함된다. 가정에서 자녀를 학대하는 유형은 신체적 폭력, 언어 · 정서적 폭력, 성폭력, 방임 · 유기, 경제적 폭력 등이 있다.

성폭력은 성을 매개로 상대방의 의사에 반해 이뤄지는 모든 가해행위를 뜻하는 것으로 성희롱, 성추행, 성폭행 등을 모두 포함한다. 성폭력은 행위를 기준으로 나누었기 때문에 폭력행위자나 장소로 구분되는 가정폭력이나 학교폭력, 사이버폭력에 포함될 수 있다. 청소년 성폭력 피해는 신체와 정신, 모두에 큰 영향을 미치게 된다. 실제로 청소년 성폭력 피해 청소년에 관한 연구(염동문, 조혜정, 2021; 이형진, 금민호, 2014)에서도 성폭력 피해 경험이 있는 청소년의 경우 외상 경험으로 인해 대인관계, 성에 대한 태도 등에서 부정적이며, 낮은 자아존중감을 보이는 등 우울과 불안으로 자살생각에 영향을 받고 있다고 보고하고 있다.

학교폭력은 학교 내외에서 학생을 대상으로 발생한 상해, 폭행, 감금, 협박, 약취, 유인, 명예훼손, 모욕, 공갈, 강요, 강제적인 심부름, 성폭력, 따돌림 등을 의미한다. 학교폭력 피해는 우울과 밀접한 관련이 있고 피해 연령이 낮을수록 우울의 정도가 크다. 또한 점점 저연령화되고 있고 폭력 정도도 심화되어 있어 피해 청소년의 내상이 최소화될 수 있도록 초기에 적극적으로 개입해야 한다.

마지막으로, 사이버폭력은 사이버 공간에서 다양한 형태로 타인에게 가해지는 괴롭힘을 의미하며 사이버모욕, 사이버명예훼손, 사이버성희롱 및 폭력, 사이버스토킹 등이 있다. 사이버폭력은 SNS를 많이 활용하는 청소년의 특성상 학교폭력의 연장선에 있기도 하며 최근에는 디지털성범죄로 큰 이슈가 되고 있어 피해자 지원방법을 잘 숙지하고 있어야 한다.

청소년 폭력은 자살이나 가출, 임신 등 다른 위기의 원인이 되기도 하므로 복합적인 문제로 이어지지 않도록 가능한 한 초기에 개입할 필요가 있다. 또한 상담사가 피해사실을 신고해야 하는 경우도 있으므로 법률 정보도 잘 파악하고 있어야 한다.

(1) 호소문제 확인 및 위기수준 평가

폭력은 피해상황에 따라 위기수준별 개입방향이 달라진다. 고위기는 폭력유형과 관계없이 폭력 피해로 인한 응급치료가 필요한 상황이거나 곧 가해자와 만나 폭력이 일어날 위험이 있는 경우에 해당된다. 응급치료가 필요한 상황이라면 119와 연계해서 치료를 받을 수 있도록 조치해야 하며 가해자와 만날 가능성이 있다면 안전한 곳으로 피하거나 보호자에게 도움을 요청하거나 전문기관의 지원을 받을 수 있도록 개입해야 한다. 성폭력인 경우 증거 채취나 사후피임약 복용을 위해 72시간 내에 전문기관의 도움을 받을 수 있도록 빠른 조치가 필요하다.

중·저위기는 과거에 폭력을 당한 경험이 있거나 폭력이 잠재되어 있는 경우로 분류할 수 있다. 폭력을 당했으나 심리치료를 받지 못했다면 대면상

담을 연계해 상처받은 마음을 위로받고 분노를 표출할 수 있도록 하는 도움
이 필요하다. 잠재된 폭력이 있는 경우에는 보호자원을 찾아 이 사실을 알리
고 폭력 피해가 다시 발생하지 않게 전문기관의 도움을 받을 수 있도록 상담

필수 탐색질문 예시

- 언제 폭력이나 협박이 있었나요?
- 어떤 피해를 당했는지, 어떤 협박이 있었는지 구체적으로 설명해 주시겠어요?
- 지금 현재 다친 곳은 없나요? 치료가 필요할 정도는 아닌가요?
- 폭력을 당한 후 어떻게 대처했나요? 증거를 남겼나요?
- 이름과 연락처, 현재 위치를 알 수 있을까요?
- 누구에게 폭력을 당했나요?
- 혹시 이 상황을 누구에게 말하거나 도움을 요청한 적이 있나요?
- 어떤 도움이 가장 필요한가요?

상담자 개입 질문 예시

- 자신이 너무 싫고 화가 난 적이 있나요?
- 아무도 나를 좋아하지 않는 것 같은 느낌이 드나요?
- 화가 나서 자신이나 타인을 해치고 싶다는 생각을 한 적이 있나요?
- 지금 누구와 살고 있나요? 그 사람과의 관계는 어떤가요?
- 가족(부모, 형제, 친척 등)관계는 어떤가요?
- 친구, 선후배 관계는 어떤가요?
- 평소에 힘들 때 누구랑 이야기하나요? 만약 이야기한다면 누구에게 하고
  싶나요?
- 폭력 피해에 대해 누구에게 이야기한 적이 있나요? 이야기한 후 어땠나요?
- 폭력 피해로 인해 가족, 친구 등 대인관계에서 겪는 변화나 어려움이 있나요?

을 진행해야 한다.

(2) 정서적 지지 및 안정화

폭력 피해자는 피해를 당했음에도 불구하고 폭력을 당할 만한 이유가 있을 것이라는 불편한 시선을 느끼는 경우가 있다. 상담자는 내담자가 이런 불편한 감정을 느끼거나 오해하지 않도록 정서적으로 공감해 주고 힘든 상황을 잘 견디고 있음을 지지하면서 탐색질문을 하는 것이 필요하다. 내담자에게 질문할 때 질문의 의도를 설명해 준다면 상담에 대한 내담자의 이해를 높이고 내담자의 불안을 낮추는 데 도움이 된다.

신뢰관계 형성에 도움이 되는 상담자 태도 Tip

- 내담자에게 침착하게 반응하면서 수용적 태도를 취해야 한다. 내담자가 외상사건에 대해 이야기할 때, 당황하지 않는 태도를 보여야 한다.
- 상담자는 내담자가 불안과 공포감을 직면하면서도 피해사실을 이야기하고 상담하기로 한 용기와 노력을 격려해야 한다. 이때 상담자가 내담자를 믿고 있다는 점을 강조한다.
- 폭력 피해는 내담자 자신의 잘못이 아님을 강조하여, 내담자가 죄책감을 느끼지 않도록 한다.
- 내담자가 사건을 다룰 수 있는 속도만큼 이야기하도록 하고, 이야기하도록 강요하거나 압박하지 않아야 한다. 즉, 내담자의 통제력을 증진할 수 있는 방향으로 상담을 진행하도록 주의를 기울인다.

(3) 신고하기 및 전문기관 연계

18세 미만의 청소년이 학대를 당하거나 19세 미만의 청소년이 성폭력을 당한 사실을 알게 되었을 때 상담자에게는 신고의 의무가 있다. 신고 전, 상담자는 내담자에게 신고의무자임을 미리 알리고 신고 이후의 절차를 상세히 설명해 줌으로써 상담자와의 신뢰관계를 유지하고 갑작스런 경찰의 연락에 당황하지 않도록 조치할 수 있어야 한다.

내담자가 가해자를 신고하는 것을 원하지 않는 경우도 있다. 폭력 피해사실을 다른 사람들이 알게 되는 것이 싫거나 신고를 해도 달라질 것이 없다고 생각하기 때문이기도 하며, 가해자를 보호해 주고 싶은 마음이 있을 수도 있다. 이럴 경우 상담자는 내담자 보호를 위해 신고의 의무가 있음을 이해하기 쉽게 설명해 주고 법적인 의무를 다하기 위해 노력해야 한다.

또한 내담자가 필요한 지원을 받을 수 있도록 지역의 기관을 찾아 연계해 주어야 한다. 학교폭력은 학교에서 폭력사안에 대해 민감하게 대처하고 있는지 확인하고 내담자가 보호자원을 충분히 활용할 수 있도록 지원하는 것이 필요하다.

주의사항

☞ 피해 청소년에 대해 강제적으로 신고 여부에만 초점을 맞추지 않도록 주의하며, 신고 시 피해 청소년이 염려하는 상황에 대해서 충분히 들어 주고 공감해 준다.

☞ 신고 이후 보복에 대한 두려움 등 내담자가 걱정하는 부분에 대한 해결방안을 함께 모색해 본다.

(4) 개인정보 파악

내담자의 피해사실을 신고하거나 전문기관에 연계하기 위해서는 내담자의 정확한 정보를 전달해야 한다. 거짓된 정보로 신고한 경우 상담자나 기관이 무고죄로 고소당할 수 있기 때문에 가해자의 정보를 전달할 때는 정확한 정보인지 확인할 필요가 있다. 개인정보를 수집할 때는 수집목적과 제공처에 대해 고지하고 동의를 받는 절차도 필요하다.

☞(수집정보의 예) 내담자의 이름, 나이, 소속(학교 등), 연락처, 피해사실, 피해일시 및 보호자 연락처 등

(5) 상담 종료

상담자는 내담자가 심리적으로 안정되었고 필요한 정보를 모두 전달하였다면 상담을 종료할 수 있다. 폭력상황으로부터 안전한지, 연계된 기관의 서비스를 받고 있는지 등 내담자의 위기상태를 점검하기 위해 상담이 종료된 후에도 사후관리를 할 필요가 있다.

상담과정에서 상담자가 주의할 사항

- 폭력 피해사실에 대한 청소년의 책임 여부 판단(문제행동, 비행에 대한 책임)
- "모든 것이 괜찮다" "아무것도 아니다"라는 식의 막연한 위로와 공감
- 학대행위자에 대한 무분별한 분노와 비난
- 피해상황에 대한 세부내용을 물어보거나 수사하는 듯한 질문
- 청소년이 요구하지 않은 일방적인 심리지원 서비스 제공

상담과정에서 상담자가 주의할 사항

Q. 아동학대 신고 시 알려 주어야 할 정보에는 무엇이 있나요?
A. 아동학대 신고 시 필요한 정보
　–신고자의 이름, 연락처
　–아동의 이름, 성별, 나이, 주소
　–학대행위자로 의심되는 사람의 이름, 성별, 나이, 주소
　–아동이 위험에 처해 있거나 학대를 받고 있다고 믿는 이유
　–아동이나 학대행위자의 정보를 파악하지 못해도 신고는 가능하며, 가능한 한 많은 정보를 제공

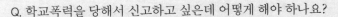

Q. 학교폭력을 당해서 신고하고 싶은데 어떻게 해야 하나요?

A. 신고방법 안내

　－전화: 117

　－교내 신고방법: 교사에게 직접 구두로 신고, 신고함 활용, 설문조사, 이메일 등

　－학교전담경찰관에 문자 혹은 전화

　－학교폭력을 신고할 때 법적인 절차를 위해서 증거자료 확보 필요

• 현장사진, 폭행 당시나 폭행 후 피해사실을 증명할 수 있는 자료, 문자나 이메일 자료 등 구체적으로 언제, 어디에서, 누구에게 어떠한 피해를 당했는지 기록해 두고, 이때 심정과 생각에 대해서도 함께 기록해 두어야 합니다.

Q. 가정폭력 피해 청소년 긴급구조 시 어떻게 하나요?

A.

① 경찰의 긴급출동이 필요한 경우 112에 신고, 관할 지구대의 경찰관 출동 요청

② 신고 전, 신고 후의 상황을 내담자와 실시간 문자를 통해 공유

③ 필요 시 부모에게 연락 시도하기

④ 안전하게 구조된 것을 확인 후 상담 종결

⑤ 사후관리를 통해 전문기관 연계, 지속적인 관리

Q. 아동 성폭력 피해자 상담개입 방법에 대해 알려 주세요.

A. 아동성폭력 상담개입 방법

　－아동을 야단치거나 캐묻는 등 대답을 강요하지 않습니다.

　－반복되는 부적절한 조사는 아동을 위축되게 만들 수 있으므로 아동 앞에서 놀라거나 당황스러워하지 않고 기다리며 참을성 있게 들어 주는 태도를 보여 줍니다.

　－진술오염 방지를 위해 사건과 관련한 유도질문이나 과도한 질문은 하지 않습니다.

─피해자가 만 13세 미만의 아동인 경우 해바라기센터에 배치된 '성폭력피해 아동·장애인 진술조사분석 전문가' 등을 연계하여 진술조사 시 참여할 수 있도록 합니다.

Q. 신고를 원하지 않는 성범죄 피해 내담자에게는 어떻게 대처해야 하나요?

A. 내담자의 성범죄 피해 확인 시 상담자의 신고 의무

─상담자는 상담 중 아동청소년 대상 성범죄의 발생 사실을 알게 된 때에는 즉시 수사기관에 신고하여야 하며, 이는 내담자(피해자)의 동의 여부와 관계없이 이행하여야 하는 법적 의무입니다.

─범죄가 발생한 이후로 시간이 많이 지나는 경우 수사기관에서 증거 확보가 어려워 범죄사실을 입증하지 못할 가능성이 커지고, 신고하지 않는 기간 동안 추가 피해가 발생할 가능성도 있으므로 내담자 스스로 신고 의지를 가질 수 있도록 충분히 설명해 줄 필요가 있습니다.

[참고] 위기 수준에 따른 개입 순서도

고위기
현재 폭력이 발생하고 있거나 발생 직후인 경우, 다시 폭력을 당할 소지가 높고 보호자원이 없는 경우

긴급개입 안내
−위기로부터 내담자를 보호하기 위한 긴급구조 필요성 및 상담자의 신고의무 안내 −연락처, 이름 등 개인정보 확보

내담자 정보 확보	내담자 정보 미확보
보호자 연락 또는 112, 119 신고	• 112, 1366, 117, 182, 사이버안전국 등 이용 안내 • 전문기관 상담 안내

구조 후 기관 연계

사후관리

중 · 저위기
−현재 폭력상황은 없으나 피해 경험이 있거나 발생될 가능성이 있는 경우 −(학교폭력) 폭력 수위가 일상에 큰 지장을 주진 않지만 내담자가 정서적 혼란감이 있는 경우 −(성폭력 · 사이버폭력) 과거 폭력을 경험하였고 이로 인해 현재 고통을 호소하는 경우

보호자원 확보
−전문기관 상담 및 청소년 동반자 연계, 112 또는 1366 안내 −(아동학대) 상담자 신고의무 안내 후 긴급구조 연계 −(학교폭력) 117 또는 학교에 신고하여 자치위원회 개최, 청소년폭력예방재단에 개입 신청

연계 진행과정 및 대처방법 관련 정보 제공

추후 상담 초대 및 상담 종료

사후관리

폭력 위기 사례 1

상담 내용을 읽고, 질문에 답해 보세요.

◆ ○○○ 내담자가 입장(접속)했습니다.

상담자: 안녕하세요~! ^^

내담자: 선생님, 안녕하세요.

상담자: 네, 반갑습니다. 어떤 고민으로 상담실을 찾아 주셨나요?

내담자: 제가 엄마랑만 살고 있는데요. 어릴 때부터 엄마가 화가 나면 물건도 던지고 욕도 많이 했어요. 그런데 최근에는 제가 엄마한테 조금만 거슬려도 "나가 죽어라. 그럴 거면 왜 사냐."면서 엄청 욕을 하고, 술을 먹다가 "너 같은 걸 왜 낳아서 내 인생이 이렇게 됐는지 모르겠다."면서 병을 제 쪽으로 던져서 깨진 병에 제가 발을 다치기도 했거든요. 옷걸이로 맞은 데를 계속 맞아서 피멍이 들기도 했고요.

상담자: 아이고, 그랬군요. 몸으로나 마음으로나 가장 아껴 주고 보호해 주어야 할 사람이 내담자님을 다치게 하는 행동을 했으니 얼마나 힘들었을까요. 혹시 나이와 성별을 알려 줄 수 있나요? 내담자님을 이해하는 데 도움이 될 것 같아요.

내담자: 열여섯 살 남자예요.

상담자: 소중한 정보 감사해요. 내담자님, 혹시 지금은 어떤 상황이에요? 다친 데는 없나요?

내담자: 네, 지금은 괜찮아요.

상담자: 다행이에요. 혹시나 해서 물어봤어요. 하고 싶은 얘기를 계속 편하게 해 주시면 돼요.

내담자: 엄마가 화내지 않도록 말도 잘 들으려고 하고 공부도 열심히 하려고 애쓰는데도 꼭 혼이 나요. 원래는 그래도 때리지는 않았고, 화를 안 낼 때는 사이가 좋았는데 요즘은 엄마가 화를 잘 못 참아요. 술을 많이 먹어서 더 그런 것 같아요. 별것도 아닌 일에 갑자기 화가 나서 병신새끼라느니, 잘하는 게 하나도 없으면 학교 가지 말고 나가서 돈이라도 벌어

오라고 하니 언제 화를 낼지 종잡을 수가 없어서 너무 긴장되고 불안해요. 혼자 살면 많이 힘들겠지만 지금 같으면 차라리 엄마랑 따로 살고 싶어요.

상담자: 엄마와 떨어져 살고 싶다는 생각이 들 정도로 힘든 마음이군요. 엄마를 화나지 않게 하기 위해 계속 애를 써야 한다면 늘 긴장되고 마음이 불편할 것 같아요.

내담자: 네. 맞았다고 신고하면 혼자 살아야 할까요?

상담자: 신고했을 때 제일 걱정되는 부분이 어떻게 살아야 하느냐에 대한 건가 봐요.

내담자: 어리니까 혼자 살면 돈은 어떻게 벌어야 하나 싶고요. 신고하면 엄마가 감옥에 가나요?

상담자: 음, 내담자님의 나이가 만 18세 미만으로 「청소년보호법」상 아동에 해당되기 때문에 내담자님의 상황은 아동학대에 해당돼요. 아동학대 신고를 하면 경찰의 조치에 따라서 엄마와 분리될 수도 있는데, 그런 경우에는 보호시설 등에 연계되기 때문에 내담자님 혼자 생활해야 하는 것에 대한 걱정은 하지 않아도 돼요.

내담자: 그런가요.

상담자: 엄마에 대한 처벌은 당장 이루어지는 것이 아니고, 내담자님의 상황을 보고 법원에서 판단하는 것이기 때문에 확실하게 어떤 처벌이 내려질 거라고 얘기할 순 없어요. 상담자로서는 아동학대를 알게 된 경우에 신고를 하는 것이 법적 의무이기 때문에 내담자님의 상황을 경찰에게 알려야 하는 것은 맞거든요. 괜찮으면 지금 제가 경찰에 연락을 해서 내담자님의 상황을 알려 줘도 될까요?

내담자: 지금요? 하지만 아직 마음의 준비가 안 됐는데.

상담자: 어머니의 폭력이 예전보다 심해지고 있다고 했지요? 어머니도 내담자님에게 그렇게 하고 싶지 않은데, 스스로 통제가 되지 않는 것일 수도 있어요. 그런 경우는 외부의 도움을 받아야 하는 상황이에요. 더 힘든

> 상황이 되기 전에 내담자님과 어머니를 보호하기 위한 방법이니 너무 걱정하지 않았으면 해요. 조금 기다릴 테니 마음의 준비가 되면 말해 줄래요?
>
> **내담자:** ……. 네, 선생님. 준비된 것 같아요. 그럼 언제 경찰이 오는 건가요?
>
> **상담자:** 어려운 결정 해 줘서 고마워요. 연락하고 나면 아마 곧 경찰이 올 거예요. 내담자님의 이름과 연락처, 주소를 알려 주면 선생님이 지금 경찰에 연락해 볼게요.
>
> **내담자:** 네. 이름은 ○○○, 연락처는 ○○○-○○○○-○○○○이고요. 주소는 ○○○○○○○예요.
>
> **상담자:** 네, 확인했습니다. 잠깐만 기다려 주면 연락한 뒤에 어떻게 됐는지 다시 말해 줄게요.

활동

활동 1. 사례에서 상담자가 아동학대를 판단한 기준이 어느 부분인지 찾아보고, 그 이유를 말해 봅시다.

활동 2. 밑줄을 그은 부분은 아동학대 상황에 대한 상담자의 신고의무 안내입니다. 내가 상담자라면 사례에서 어떻게 신고의무를 안내할 수 있을지 생각해 보고, 빈칸에 작성해 봅시다.

> **상담자:** 엄마에 대한 처벌은 당장 이루어지는 것이 아니고, 내담자님의 상황을 보고 법원에서 판단하는 것이기 때문에 확실하게 어떤 처벌이 내려질 거라고 얘기할 순 없어요. 상담자로서는 아동학대를 알게 된 경우에 신고를 하는 것이 법적 의무이기 때문에 내담자님의 상황을 경찰에게 알려야 하는 것은 맞거든요. 괜찮으면 지금 제가 경찰에 연락을 해서 내담자님의 상황을 알려 줘도 될까요?
>
> **내담자:** 지금요? 하지만 아직 마음의 준비가 안 됐는데.

활동 3. 사례와 같은 상황에서 내담자가 신고를 원하지 않는다면 그 이유가 무엇일지 생각해 보고, 이에 대한 상담자로서의 대처방안을 논의해 봅시다.

폭력 위기 사례 2

다음의 상담내용을 읽고, 질문에 답해 보세요.

◈ ○○○ 내담자가 입장(접속)했습니다.

상담자: 안녕하세요~! ^^

내담자: 안녕하세요. 여기 아무 고민이나 다 말해도 되나요?

상담자: 내담자님, 반가워요. 편안하게 말씀해 주세요. 어떤 고민으로 상담실을 찾아 주셨나요?

내담자: 그…… 다니는 수학 학원 선생님이 오늘 성적 상담해 주신다고 학원 마치고 남으라고 해서 갔는데…….

상담자: 네, 수학 학원 선생님과 성적 상담을 하게 되었나 보네요. 잘 듣고 있으니 계속 말씀해 주세요.

내담자: 죄송해요……. 제가 지금 손이 떨려서 글자가 잘 안 쳐져요.

상담자: 뭔가 충격적인 일을 겪은 모양이에요. 괜찮아요. 기다리고 있을 테니 심호흡하면서 천천히 얘기해 주세요.

내담자: 어…… 얘기하는 중에 자꾸 더운데 겉옷 벗지 않겠냐고 하고, 피곤할 텐데 마사지해 준다고 소파에 누워 보라고 해서 좀 이상하다고 생각했거든. 그러더니 갑자기 저한테 "좋은 거 보여 줄까?" 하고는 자기 성기를 만져 보라고 하셨어요. 싫다고 하니까 억지로 손을 당겨서 자기 바지 위에 얹는 거예요. 깜짝 놀라서 떼어 내려고 했는데 손을 잡고 안 놔 줘서…… 무서워서 울면서 놔 달라고 소리 질렀더니 그제야 놔 주더라고요. 이것도 성폭력이 되나요?

상담자: 세상에…… 그런 일이 있었군요. 얼마나 놀랐겠어요. 그 뒤로 다른 일
은 없었나요? 집에는 잘 왔고요?

내담자: 네. 손 놔 주길래 울면서 가방 챙겨 나왔는데 따라오시진 않았어요. 그
런데 내일 또 학원 가는 날이라 너무 무서운데…… 어떻게 해야 할지
모르겠어요.

상담자: 정말 큰일을 겪었네요. 내담자님, 지금부터 선생님이랑 오늘 겪은 일에
어떻게 대처해야 할지 같이 얘기 나눠 봐요. 그러기 위해서 내담자님의
나이와 성별 정도를 알려 줄 수 있나요?

내담자: 열다섯 살 여자요.

상담자: 알려 줘서 고마워요. 내담자님을 돕는 데 도움이 될 거예요. 혹시 이런
일이 처음인가요?

내담자: 사실 집에 돌아오면서 생각해 봤는데, 평소에도 안마를 해 준다고 하면
서 괜찮다는데도 자꾸 제 팔이나 어깨를 주무르고, 항상 "○○이는 너
무 예쁘다. 연예인 해도 되겠다."면서 엄청 빤히 쳐다보거나 장난치면
서 팔꿈치로 가슴 근처 팔 부분을 툭툭 치기도 하셨어요. 여태까지는
조금 이상해도 나를 정말 예뻐해 주시나 보다 했어요. 원래 학생들이랑
친구처럼 장난도 잘 치고 편하게 대해 주시거든요.

상담자: 친구들과도 편하게 잘 지내는 분이니 뭔가 이상해도 장난인가 보다 했
군요. 친하게 잘 지내던 선생님에게 갑작스럽게 이런 일을 당해 정말
놀라고 무서웠겠어요.

내담자: 네……. 선생님 저 어떡하죠? 내일 학원 수업도 있는데…….

상담자: 내담자님, 아무 대책 없이 내일 학원에 가게 되면 선생님과 그런 식으로
마주치는 상황이 또 생길 수도 있어요. 부모님한테는 말씀드렸어요?

내담자: 아니요. 아직 말씀 못 드렸어요. 말씀드리면 일이 커질까 봐 무서워요.

상담자: 내담자님, 지금 내담자님을 보호해 줄 수 있는 분들은 부모님이세요.
학원 선생님이 내담자님에게 한 행동들은 명백한 성추행이에요. 오늘
일을 보면 앞으로 더 심해질 위험도 있고요. 더 큰 일이 생기기 전에 부
모님께 말씀드리고, 경찰에 신고해야 해요.

내담자: 그래야 할까요……?

상담자: 당연하죠. 내담자님이 경찰에 신고하는 게 어려우면 선생님이 해 줄게
　　　　요. 그런데 집에 갑자기 경찰이 오면 부모님도 놀라실 수 있으니까, 내
　　　　담자님이 부모님께 먼저 얘기를 해 보는 게 좋을 것 같아요. 부모님께
　　　　말씀드리는 게 힘들면 선생님이 대신 말씀드려 볼까요?

내담자: 아뇨……. 제가 말씀드릴 수 있을 것 같아요.

상담자: 그래요. 당장 내일이 수학 학원에 가는 날이니 지금 말씀드리는 게 좋
　　　　을 것 같아요. 선생님이 응원하면서 기다리고 있을 테니 겁내지 말고
　　　　부모님께 다녀와요.

내담자: 네, 선생님. 잠깐만요.

활동

활동 1. 사례를 읽고 내담자가 보호자에게 상황을 알린 후 상담자가 취해야 할 다
음 개입방향을 생각해 봅시다.

_____

활동 2. 내담자가 경찰에 신고하거나 보호자에게 알리는 것을 원하지 않는 경우,
상담자로서 내담자의 위기상황에 개입하려면 어떠한 방법이 적절할지 생각해
봅시다.

_____

활동 3. 내담자가 상담자에게 보호자 또는 경찰에 대신 상황을 알려 줄 것을 요
청한 상황을 가정하여 상담자로서 어떻게 대응할 것인지 생각해 보고, 내담자
에 대한 긴급구조를 요청하는 말을 작성해 봅시다.

_____

[참고] 폭력과 관련된 법령정보 TIP

※ 법령정보를 확인할 수 있는 방법: 법제처의 국가법령정보센터 (www.law.go.kr)에서 현행법령 검색

▶ 학교폭력 관련 법령 주요 내용

• 「학교폭력 예방 및 대책에 관한 법률」 제16조(피해학생의 보호)

① 심의위원회는 피해학생의 보호를 위하여 필요하다고 인정하는 때에는 피해학생에 대하여 다음 각 호의 어느 하나에 해당하는 조치(수 개의 조치를 동시에 부과하는 경우를 포함한다)를 할 것을 교육장(교육장이 없는 경우 제12조 제1항에 따라 조례로 정한 기관의 장으로 한다. 이하 같다)에게 요청할 수 있다. 다만, 학교의 장은 피해학생의 보호를 위하여 긴급하다고 인정하거나 피해학생이 긴급보호를 요청하는 경우에는 제1호, 제2호 및 제6호의 조치를 할 수 있다. 이 경우 학교의 장은 심의위원회에 즉시 보고하여야 한다. 〈개정 2021. 3. 23.〉 1. 학내외 전문가에 의한 심리상담 및 조언 / 2. 일시보호 / 3. 치료 및 치료를 위한 요양 / 4. 학급교체

• 「학교폭력 예방 및 대책에 관한 법률」 제17조(가해학생에 대한 조치)

① 심의위원회는 피해학생의 보호와 가해학생의 선도 · 교육을 위하여 가해학생에 대하여 다음 각 호의 어느 하나에 해당하는 조치(수 개의 조치를 동시에 부과하는 경우를 포함한다)를 할 것을 교육장에게 요청하여야 하며, 각 조치별 적용 기준은 대통령령으로 정한다. 다만, 퇴학처분은 의무교육과정에 있는 가해학생에 대하여는 적용하지 아니한다. 〈개정 2021. 3. 23.〉 1. 피해학생에 대한 서면사과 / 2. 피해학생 및 신고 · 고발 학생에 대한 접촉, 협박 및 보복행위의 금지 / 3. 학교에서의 봉사 / 4. 사회봉사 / 5. 학내외 전문가에 의한 특별교육 이수 또는 심리치료 / 6. 출석정지 / 7. 학급교체 / 8. 전학 / 9. 퇴학처분

▶ 성폭력 관련 법령 주요 내용
• 「형법」제305조(미성년자에 대한 간음, 추행) ① 13세 미만의 사람에 대하여 간음 또는 추행을 한 자는 제297조, 제297조의2, 제298조, 제301조 또는 제301조의2의 예에 의한다. 〈개정 1995. 12. 29., 2012. 12. 18., 2020. 5. 19.〉
→ 13세 미만의 미성년자를 간음하거나 추행했을 경우 피해자의 동의 여부와 상관없이 형사처벌을 받게 된다.
• 「성폭력범죄의 처벌 등에 관한 특례법」제21조(공소시효에 관한 특례) ① 미성년자에 대한 성폭력범죄의 공소시효는 「형사소송법」제252조 제1항 및 「군사법원법」제294조 제1항에도 불구하고 해당 성폭력범죄로 피해를 당한 미성년자가 성년에 달한 날부터 진행한다.
③ 13세 미만의 사람 및 신체적인 또는 정신적인 장애가 있는 사람에 대하여 다음 각 호의 죄를 범한 경우에는 제1항과 제2항에도 불구하고 「형사소송법」제249조부터 제253조까지 및 「군사법원법」제291조부터 제295조까지에 규정된 공소시효를 적용하지 아니한다. 〈개정 2019. 8. 20., 2020. 5. 19.〉
1. 「형법」제297조(강간), 제298조(강제추행), 제299조(준강간, 준강제추행), 제301조(강간 등 상해·치상), 제301조의2(강간 등 살인·치사) 또는 제305조(미성년자에 대한 간음, 추행)의 죄
2. 제6조 제2항, 제7조 제2항 및 제5항, 제8조, 제9조의 죄
3. 「아동·청소년의 성보호에 관한 법률」제9조 또는 제10조의 죄

▶ 가정폭력(아동학대) 관련 법령 주요 내용
• 「아동학대범죄의 처벌 등에 관한 특례법」제10조(아동학대범죄 신고의무와 절차) ② 다음 각 호의 어느 하나에 해당하는 사람이 직무를 수행하면서 아동학대범죄를 알게 된 경우나 그 의심이 있는 경우에는 시·도, 시·군·구 또는 수사기관에 즉시 신고하여야 한다. 〈개정 2016. 5. 29., 2019. 1. 15., 2020. 3. 24.〉 ☞ 18. 「청소년기본법」제3조 제6호에 따른 청소년시설 및 같은 조 제8호에 따른 청소년단체의 장과 그 종사자 19. 「청소년 보호법」제35조에 따른 청소년 보호·재활센터의 장과 그 종사자 20. 「초·중등교육법」제2조

에 따른 학교의 장과 그 종사자

• 「가정폭력범죄의 처벌 등에 관한 특례법」 제4조(신고의무 등)

② 다음 각 호의 어느 하나에 해당하는 사람이 직무를 수행하면서 가정폭력범죄를 알게 된 경우에는 정당한 사유가 없으면 즉시 수사기관에 신고하여야 한다. 〈개정 2012. 1. 17. 2014. 12. 30.〉 ☞ 1. 아동의 교육과 보호를 담당하는 기관의 종사자와 그 기관장 ③ 「아동복지법」에 따른 아동상담소, 「가정폭력방지 및 피해자보호 등에 관한 법률」에 따른 가정폭력 관련 상담소 및 보호시설, 「성폭력방지 및 피해자보호 등에 관한 법률」에 따른 성폭력피해상담소 및 보호시설(이하 "상담소 등"이라 한다)에 근무하는 상담원과 그 기관장은 피해자 또는 피해자의 법정대리인 등과의 상담을 통하여 가정폭력범죄를 알게 된 경우에는 가정폭력 피해자의 명시적인 반대의견이 없으면 즉시 신고하여야 한다. 〈개정 2012. 1. 17., 2017. 10. 31.〉 ④ 누구든지 제1항부터 제3항까지의 규정에 따라 가정폭력범죄를 신고한 사람(이하 "신고자"라 한다)에게 그 신고행위를 이유로 불이익을 주어서는 아니 된다.

• 「성폭력방지 및 피해자보호 등에 관한 법률」 제9조(신고의무) ① 19세 미만의 미성년자(19세에 도달하는 해의 1월 1일을 맞이한 미성년자는 제외한다)를 보호하거나 교육 또는 치료하는 시설의 장 및 관련 종사자는 자기의 보호 · 지원을 받는 자가 「성폭력범죄의 처벌 등에 관한 특례법」 제3조부터 제9조까지, 「형법」 제301조 및 제301조의2의 피해자인 사실을 알게 된 때에는 즉시 수사기관에 신고하여야 한다. 〈개정 2021. 1. 12.〉 ② 국가기관, 지방자치단체 또는 대통령령으로 정하는 공공단체의 장과 해당 기관 · 단체 내 피해자 보호 관련 업무 종사자는 기관 또는 단체 내에서 다음 각 호의 어느 하나에 해당하는 성폭력 사건이 발생한 사실을 직무상 알게 된 때에는 피해자의 명시적인 반대의견이 없으면 즉시 수사기관에 신고하여야 한다. 〈신설 2021. 1. 12.〉 1. 「성폭력범죄의 처벌 등에 관한 특례법」 제10조 제1항 2. 「형법」 제303조 제1항

• 「아동 · 청소년의 성보호에 관한 법률」 제34조(아동 · 청소년대상 성범죄의 신고) ② 다음 각 호의 어느 하나에 해당하는 기관 · 시설 또는 단체의 장과 그 종사자는 직무상 아동 · 청소년대상 성범죄의 발생 사실을 알게 된 때에는 즉시 수사기관에 신고하여야 한다. 〈개정 2020. 12. 8.〉 2. 「초 · 중등교육법」 제2조의 학교, 같은 법 제28조와 같은 법 시행령 제54조에 따른 위탁 교육기관 및 「고등교육법」 제2조의 학교 2의2. 특별시 · 광역시 · 특별자치시 · 도 · 특별자치도 교육청 또는 「지방교육자치에 관한 법률」 제34조에 따른 교육지원청이 「초 · 중등교육법」 제28조에 따라 직접 설치 · 운영하거나 위탁하여 운영하는 학생상담지원시설 또는 위탁 교육시설 4. 「아동복지법」 제3조 제10호의 아동복지시설 및 같은 법 제37조에 따른 통합서비스 수행기관 8. 「성매매방지 및 피해자보호 등에 관한 법률」 제9조의 성매매피해자 등을 위한 지원시설 및 같은 법 제17조의 성매매피해상담소 13. 「청소년복지지원법」 제29조 제1항에 따른 청소년상담복지센터 및 같은 법 제31조 제1호에 따른 청소년쉼터 11. 「성폭력방지 및 피해자보호 등에 관한 법률」 제10조의 성폭력피해상담소 및 같은 법 제12조의 성폭력피해자보호시설 12. 「청소년활동 진흥법」 제2조 제2호의 청소년활동시설 13의2. 「학교 밖 청소년 지원에 관한 법률」 제12조에 따른 학교 밖 청소년 지원센터 14. 「청소년 보호법」 제35조의 청소년 보호 · 재활센터

4) 임신

최근 우리나라 청소년들의 몽정이나 월경 시작 연령이 낮아지고 있고 성관계 시작 연령도 또한 낮아지고 있다. 이와 더불어 성관계 경험률도 증가하는 추세이지만 적절한 피임법의 사용률이 낮아 원하지 않는 임신으로 이어지는 경우가 종종 있다. 청소년의 임신은 학업을 중단해야 하는 상황으로 이어질 수 있는 등 청소년기에 감당하기 어려운 상처나 책임감으로 불안정

한 환경에 처해질 수밖에 없어 반드시 부모 등의 보호체계를 마련해야 한다.

사이버상담에서는 임신을 확인하고 어떻게 해야 할지 막막한 마음에 상담을 신청하기도 하지만 성관계를 가진 직후 임신에 대한 걱정과 두려움으로 상담을 신청하기도 한다. 임신이 아닌 것으로 확인된 청소년의 경우에도 잠재된 임신 위기가 지속될 수 있기 때문에 그들이 안전하게 교제할 수 있도록 피임법을 포함한 성교육 등 적절한 상담을 진행할 필요가 있다.

(1) 호소문제 확인 및 위기수준 평가

임신 위기의 청소년은 임신사실이 확인되고 보호자원이 없는 경우 고위기로 분류되고, 임신은 아니지만 임신의 위험이 있는 경우 중·저위기로 분류된다. 청소년이 임신을 한 상태라면 일단 어떻게 확인하였는지, 남자친구에게 알렸는지, 원하지 않는 성관계는 아니었는지, 보호자가 이 사실을 알고 있는지 등의 확인이 필요하다. 병원진료를 받지 않은 상황이라면 진료의 필요성을 안내하고, 남자친구를 포함한 보호자에게 알리지 않았다면 그 이유가 무엇인지, 왜 알려야 하는지를 설명해 주어야 한다. 혹시 성폭력에 의한 임신이라면 신고와 함께 임신중절수술에 대해서도 안내가 필요하다.

임신이 아닌 상황이라면 피임방법 등과 안전한 성관계에 대해 교육할 필요가 있다.

필수 탐색질문 예시

- 나이가 어떻게 되나요?
- 피임은 했었나요?(피임방법, 빈도 질문)
- 원치 않는 성관계였나요?
- 임신 가능성은 있나요?
- 이 문제를 의논할 사람은 있나요?
- 혹시 제3자의 도움이 필요한가요?

② 정서적 지지 및 안정화

청소년이 임신에 대한 불안감이나 당혹감으로 상담을 신청한 경우 매우 불안한 상태일 것이다. 임신을 한 상황이라면 이 상황을 받아들일 수 있는지 여부와 받아들일 수 없다면, 그 이유는 무엇인지 확인하고 이야기한 문제들을 하나씩 해결해 볼 수 있도록 지지한다. 임신을 하지 않은 경우라면 혼자 불안해하기보다 이성적으로 대처할 수 있는 방법들을 찾아보고 정서를 조절할 수 있는 방법들을 안내한다.

③ 보호자원 연계

임신을 한 경우 부모님에게 알리고 도움을 받을 수 있도록 먼저 설득해 보고 그럴 수 없는 상황이라면 청소년상담복지센터 연계 등으로 보호체계를 마련해야 한다. 출산을 하여 혼자서 자녀를 양육하기로 결심한 경우라면 미혼모 시설이나 입양 정보 등도 제공할 수 있다.

상담자 개입 질문 예시

▶ 보호자 연락처 확보 및 임신 사실을 알리도록 설득
- 내담자님이 여러 가지로 보호받아야 할 상황들이 많고, 경제적 부담도 져야 하는 상황이라 부모님의 도움을 받았으면 해요.
- 부모님에게 어떻게 말해야 할지 모르겠다면 같이 연습해 볼까요?
- 부모님에게 말하기 힘들다면 제가 부모님과 전화해서 이 상황을 의논해 볼까요?
▶ 지역 센터 연계
- 혼자 부모님에게 얘기하는 게 어렵다면 청소년상담복지센터 선생님이 부모님을 만나서 상황을 설명해 주실 수도 있어요.

- 사이버상담은 병원비 지원, 진료 동행 등의 직접적인 도움을 받을 수 없지만 지역 청소년상담복지센터에서는 가능한 서비스들이 있을 수도 있어요. 제가 찾아봐 드릴까요?

▶ 내담자의 출산 후 계획 확인
- 아이를 낳은 후에 어떻게 할지 생각해 본 적 있나요?

▶ 미혼모(부) 시설 연계
- 아이를 낳을 때 도움을 받을 곳이 없다면 미혼모 시설에 대해 알아봐 드릴 수 있어요.
- 미혼모 시설은 지낼 곳이 없는 미혼 임산부에게 무료 숙식과 산전·산후·분만 등 의료서비스를 제공하고 산후 아동의 입양 또는 양육에 대해 도움을 줄 수 있는 곳이에요.

④ 상담 종료

내담자에게 필요한 정보를 모두 전달하고 보호체계가 마련될 수 있도록 조치한 상황이라면 상담을 종료할 수 있다. 고위기 사례인 경우 청소년 내담자가 혼자 어려운 상황을 짊어지지 않고 사회안전망에서 도움을 받을 수 있도록 상담자의 도움이 필요하므로 반드시 사후관리 개입을 해 주어야 한다.

임신 위기 사례 긴급개입 Q&A

Q. 임신한 청소년이 부모님에게 임신 사실을 알리고 싶어 하지 않을 때는 어떻게 하죠?
A. 임신한 청소년이 부모님께 알리고 싶지 않을 때의 상담 요령
  -부모님께 알리는 것을 두려워하거나 불편해할 수 있음을 이해해 줍니다.

-내담자 안전을 확인한 후, 내담자의 욕구를 탐색하고 내담자가 생각한 해
결방안을 구체적으로 들어 줍니다.

-특정 병원 안내, 병원을 함께 가는 것, 병원비 지원 등 상담자로서 해 줄
수 없는 것을 명확히 합니다.

-내담자가 부모의 개입을 원치 않을 경우에는 상담자의 적극적인 개입이
필요합니다.

-내담자 스스로 어떻게 문제를 해결해 나갈 수 있을지 확인합니다.

-부모에게 내담자를 대신해서 알려 주거나, 부모에게 어떻게 말할지 연습
하게 하기도 하고, 지역 센터 및 관련 기관 연계 등 다양한 방법으로 도울
수 있도록 해야 합니다.

Q. 임신 상담 개입 시 확인할 사항과 절차를 알려 주세요.

A. 임신 상담 개입 시 상담 요령

① 임신 사실 여부 확인 및 성폭력 경험 사실 여부를 확인

-임신 사실 여부는 성관계일로부터 14일 이후 확인해 보는 것이 정확합니다.

-임신 테스트기는 아침 첫 소변이 가장 정확하고, 한 줄일 경우 음성이며
두 줄일 경우 양성반응(정확도는 95%)이므로 산부인과에 방문하여 건강
상태 및 임신 여부를 정확하게 검사할 필요가 있다고 안내해야 합니다. 또
한 원하는 성관계였는지 확인합니다.

② 임신이 확실한 경우 부모 개입이 원칙

-내담자들은 보통 부모님께 알려지길 두려워하거나 불편해할 수 있습니
다. 내담자의 안전을 확인한 후 내담자 욕구를 탐색하고 내담자의 해결방
안을 구체적으로 들어 줍니다. 내담자에게 상담자로서 해 줄 수 없는 것을
명확히 합니다.

③ 부모 개입 시 상담자 역할

-내담자의 신체적, 심리적 상황 등에 대해 상담자가 파악한 정보를 부모와
공유합니다. 이후 상담을 통해 부모, 내담자의 상담요구가 있을 시 언제든
상담이 가능함을 알립니다. 내담자가 이러한 사건으로 가족과 사회의 관

계로부터 떨어져 나가지 않도록 부모교육을 실시합니다.

④ 지역의 청소년상담복지센터를 연계할 때

－우선 사이버상담으로도 충분히 내담자의 문제를 다룰 수 있도록 합니다. 내담자에게 대면상담 등 가까운 지역의 상담센터 연계가 필요하게 되었을 시점에 해당 지역의 청소년상담복지센터 상담자와 연락하여 상담이 언제, 어떻게 가능한지 먼저 알아보고 내담자에게 정확한 정보를 줄 수 있도록 해야 합니다.

[참고] 위기 수준에 따른 개입 순서도

고위기	중 · 저위기
임신 테스트기나 병원진료를 통해 임신 사실을 확인한 상황이거나 성폭력으로 인해 임신을 걱정하는 경우	성관계 후 임신 여부를 확인하지 못하여 매우 불안한 상황

성폭행으로 인한 임신이 걱정인 경우	임신인 경우	임신 여부 확인 방법 안내

	• 보호자 또는 유관기관을 통해 보호받을 수 있도록 조치
	• 임신 사실을 확인한 경우
	  −보호자에게 임신 사실 알리기
	  −청소년안전망 연계: 보호자의 보호를 받을 수 있도록 조치하기
	  −미혼모(부) 시설 연계: 보호자의 도움을 받을 수 없다면 미혼모(부) 시설 안내 및 연계
		• 임신 테스트기 사용법
		• 병원진료 방법 안내

성폭행 긴급개입		임신일 경우	임신이 아닐 경우
			• 책임감 있는 성관계의 필요성 교육 • 피임방법 및 성교육 관련 기관 안내

기관 안내 및
추후 상담 초대

기관 연계 및
추후 상담 초대

사후관리

사례1

상담내용을 읽고, 질문에 답해 보세요.

◈ ○○○ 내담자가 입장(접속)했습니다.

상담자: 안녕하세요~! ^^

내담자: 저 혹시 임신 관련 상담도 할 수 있나요……?

상담자: 네, 그럼요. 어떤 고민이 있어서 찾아 주셨나요? 편안히 얘기해 주세요.
　　　　나이와 성별 정도를 고민과 함께 알려 주시면 내담자님을 돕는 데 더
　　　　도움이 될 것 같아요.

내담자: 열일곱 살 여자예요. 평소에 알고 지내던 오빠랑 술을 마시다가 성관계
　　　　를 하게 됐는데요…….

상담자: 네, 집중해서 듣고 있으니 계속 말씀해 주세요.

내담자: 생리를 안 한 지 좀 된 것 같아서 혹시나 하는 마음에 얼마 전에 임테기
　　　　를 사서 해 봤더니 두 줄이 나왔어요.

상담자: 임신을 했다고 나온 거로군요. 많이 놀랐겠어요. 피임을 하지 않았
　　　　나요?

내담자: 네……. 가임기가 아니어서 괜찮을 것 같았고, 할 때는 정신이 없기도
　　　　해서 못 챙겼어요.

상담자: 에고……. 그랬군요. 혹시 언제쯤 관계를 했었던 걸까요?

내담자: 두세 달 전쯤이요…….

상담자: 시간이 꽤 되었군요. 생리를 안 하는 것 외에 다른 증상은 없었나요?

내담자: 네, 그래서 전혀 의심을 못 하고 있었는데…… 원래 생리 주기가 불규
　　　　칙한 편이라 그러려니 했어요. 선생님, 저 어떡하죠……?

상담자: 어떻게 하면 좋을지 선생님이랑 지금부터 차근차근 이야기해 봐요. 혹
　　　　시 지금 상황에 대해서 아는 사람이 있어요?

내담자: 아뇨, 아직 아무한테도 말 못 했어요. 못 하겠어요.

상담자: 내담자님이 도움을 요청하기 어려운 문제일 수 있다는 걸 이해해요. 하지만 내담자님이 미성년자이기 때문에, 보호자의 도움이 꼭 필요한 상황이기도 해요. 이미 시간이 꽤 흘렀기 때문에, 문제를 해결하기 더 어려워지기 전에 보호자와 의논해서 빨리 방법을 찾아야 해요.

내담자: 아빠는 다른 지역에서 일하고 있어서 몇 달에 한 번씩 집에 오세요. 엄마는 원래 안 계시고요. 지금은 할머니랑 둘이 지내는데 할머니 건강도 안 좋으시고, 말씀드린다고 해도 둘이 해결할 수 있을지 걱정이고요……. 말씀 안 드리고 혼자 해결할 수 있는 방법은 없을까요?

상담자: _____

활동

활동 1. 사례를 읽고 상담자가 위기개입을 위해 추가적으로 파악해야 하는 정보는 무엇일지 생각해 보고, 적절한 탐색질문 작성해 보기

_____

활동 2. 빈칸에 들어갈 수 있는 적절한 상담자의 반응을 작성해 보기

_____

활동 3. 사례에서 위기개입 시 상담자로서 제시할 수 있는 대처 및 지원 방안으로 무엇이 있을지 논의해 보기

_____

3. 긴급구조 위기문제의 기관 정보 제공 및 연계

사이버상담의 경우 인터넷상으로 상담자가 내담자의 위기문제를 파악하고 이에 관한 정보와 조언, 대처전략 등을 문자(글)로 제공하게 되는 것이 주요 특징이다. 이러한 특징을 보완하고 고위기 상황에 있는 청소년을 보다 적극적으로 지원하기 위해 필요한 것이 바로 오프라인상으로의 연계라고 볼 수 있다. 가출, 자살, 임신, 학교폭력, 성폭력, 가정폭력, 사이버폭력 등과 같은 청소년 위기문제는 사이버상담만으로 청소년을 효과적으로 도울 수가 없다. 따라서 다음에 제시된 바와 같이 각 위기문제별로 청소년을 법률적, 심리적, 물리적으로 지원할 수 있는 유관기관 정보를 파악하여 상담 시 필요한 정보를 안내해 주거나 상담자가 직접 기관에 의뢰해 주는 연계가 이루어질 수 있어야 한다.

[참고] 청소년 위기문제별 연계기관과 필요사항

구분	연계기관	정보 제공 및 연계 사항
가출	• 청소년 쉼터 (일시, 단기, 중장기) • 1388 청소년 일시보호소	• 내담자와 근접한 지역의 쉼터 안내 및 입소 가능 여부 확인 • 쉼터 이동방법 파악 및 지원 요청
	• 112	• 긴급구조가 필요한 경우, 쉼터로 안전 이동 또는 내담자 보호
자살	• 112 또는 119	• 내담자 안전 확보, 긴급구조 후 병원 등 전문기관 연계 및 보호자 인계
	• 정신건강복지센터 • 청소년상담복지센터	• 지속적인 심리적 안정감 회복을 위한 대면상담 요청 • 내담자 위기수준 공유 및 필요할 경우 신속 연계 요청

임신	• 산부인과	• 정확한 임신 확인 및 검진을 위한 진료기관 정보 제공
	• 청소년상담복지센터	• 보호자에게 임신 사실을 말하기 어려워하거나 도움을 받을 수 없는 경우 보호체계 마련
	• 미혼모시설	• 보호자 도움 없이 출산을 결심한 경우 기관 직접 연계 또는 정보 제공
학교 폭력	• 112 또는 119 • 117 학교폭력 신고센터 (상담 가능)	• 폭력 고위기 상황일 경우 긴급구조 요청 • 가해자 신고 또는 해당 학교 학교폭력 전수조사 요청
	• 청소년상담복지센터 • 학교폭력SOS지원단 (법률상담 가능)	• 내담자 지지체계 마련 및 해결방안 마련을 위한 대면상담 요청
	• 법률구조공단	• 학교폭력 관련 법률상담 지원
성폭력	• 112 또는 119	• 피해자 긴급구조 요청 또는 가해자 신고
	• 해바라기센터	• 증거 수집, 의료 지원 및 심리치료를 위한 대면상담 연계
	• 성폭력상담소 • 청소년상담복지센터	• 심리치료를 위한 대면상담 연계
가정 폭력	• 112 또는 119	• 피해자 긴급구조 요청 또는 가해자 신고
	• 아동보호전문기관	• 아동학대 여부 조사 및 사례관리 요청
	• 가정폭력상담소 • 청소년상담복지센터	• 가정폭력 피해자 심리치료 및 지원
사이버 폭력	• 경찰청 사이버수사국	• 사이버폭력 및 범죄 신고 및 상담
	• 디지털성범죄피해자 지원센터	• 디지털성범죄 피해자 사진 및 동영상 삭제 요청
	• 청소년상담복지센터	• 피해자의 지지체계 및 해결방안 마련을 위한 대면상담 요청

제8장

청소년 사이버상담 윤리

1. 인터넷 세계와 상담윤리

생각상자

나만의 아이디어 찾아 함께 토론해 봅시다.

① 나에게 인터넷 세상은 어떤 의미인가요?

② 인터넷 공간에서의 윤리적 문제가 있다면 무엇이 있을까요?

③ 그 문제가 청소년상담에서는 어떠한 영향과 파급효과를 가져올까요?

★ _____

★ _____

★ _____

　　현대사회에서 인터넷 세계는 가상의 공간만이 아니라 현실세계와 공존하고 있는 일상생활의 중요한 공간으로 자리매김하고 있다. 또한 다양한 접근 형태(예: 영상, 메신저, 음성 등)의 플랫폼을 활용하여 사용자가 편리한 방식으로 소통할 수 있게 되면서 사생활 침해, 유해 정보 및 위법 정보의 무분별한 유통, 저작권 침해 문제 등으로 위험에 노출되는 등 역기능적 폐해와 사회적인 문제를 일으키기도 한다(오정용, 2012). 10대 청소년의 96.9%가 하루 1회 이상 인터넷을 이용하고 있고, 특히 스마트폰을 활용한 커뮤니케이션이 중요하다고 보는 청소년이 90.5%일 정도로 인터넷 세계는 청소년의 일상생활과 매우 밀접하게 연결되어 있다(여성가족부, 2020). 이 같은 현상은 코로나 19가 나타나면서 비대면으로 소통할 수밖에 없었던 시기에 더욱 강화되었고, 온라인상담, 화상상담 등 인터넷을 활용한 상담으로의 전환이 이제는 필수불가결한 시기가 되었다는 반증이기도 하다. 그렇다면 이러한 변화 속에서 내담자의 가장 사적인 비밀을 다루는 상담자는 인터넷 세계에서 어떻게 행동해야 하는 것인가?

　　상담에서 상담자의 인간적 특성과 자질은 상담전문가로서 가지는 가치관과 생활철학에 영향을 미치게 되고, 이는 곧 상담실에서 일어나는 윤리적 상황에서의 판단에도 영향을 미치게 된다(최해림, 2002). 그러므로 상담에 필요한 적절한 인격, 가치관, 윤리성은 기본적으로 상담자로서 갖추어야 할 중요한 요소가 되는 것이다(김계현, 1997). 특히 윤리적인 부분은 법을 지키는 것과 함께 사회에서 요구하는 최저 수준 이상을 지키는 것과 같기 때문에 더욱 중요할 수밖에 없다(Jellinek, 1908). 상담자는 내담자의 상황에 따라 욕구를 파악하고 그 속에서 도움을 줄 수 있는 것들이 무엇인지 결정하여 필요한 서비스를 찾아 제공하게 되는 등 상담과정에서 결정을 내리기 위해 끊임없이 판단해야 한다(김현진, 김민, 2017). 청소년상담이 이루어지는 실무 현장은 특히 비밀보장, 상담자와 내담자의 관계 유지, 정보 제공의 한계 등에서 윤리적 이슈를 만나고 그에 대해 딜레마를 경험하고 있다(이소연, 최바울, 이정선,

서영석, 2014; 최해림, 2002).

제7장에서 살펴본 바와 같이 청소년상담 분야에서 인터넷과 모바일 기반 SNS를 활용한 온라인상담과 위기청소년을 구조하는 아웃리치와 같은 다양한 접근이 시도되고 있다. 우리는 이러한 변화로부터 발생될 수 있는 다양한 윤리적 문제(사생활 보호, 전문성, 정보 검색 및 게시 등)에 대해 상담자와 내담자 모두의 관점에서 고민해 보아야 하고 그 문제에 적절한 행동 기준을 마련해야 한다. 이는 온라인 속에서 내담자와 상담자 모두를 보호하고 상담 전문성과 상담자 개인으로서의 경계를 보호하기 위해서는 필수적인 과제이기 때문이다(ACA, 2014).

상담자의 온라인 윤리에 관한 연구(강수정, 유금란, 2018)에 따르면 상담 및 심리치료 분야에 종사하는 연구 참여 상담자의 47%는 내담자 관련 온라인 정보를 검색했으며, 최소 1회 이상 상담자 자신을 온라인에서 개방한 경험이 있는 경우는 61%였다고 했다. 또한 상담자의 연령이 낮을수록, 내담자 관련 비개인정보(예: 학교, 학년 특성 등)나 객관적 개인정보 검색에서 윤리적으로 관대할수록 내담자와 관련된 정보를 온라인에서 검색할 가능성이 크다고 하였다. 한편, 상담자가 직업적 경험이나 가치관에서 온라인 자기개방에 대해 윤리적으로 적절성을 높게 평가할수록 온라인상에서 자기를 개방할 가능성이 높다고 했다. 그러면서 연구자는 온라인 환경에 대한 상담자의 윤리교육이 반드시 필요하며, 상담자가 개인적으로나 직업적으로 온라인을 활용하기 위해 필요한 미디어리터러시 교육이나 온·오프라인 상담 활동에서 국면하는 상담자의 윤리적 딜레마에 대한 대응 방식 등의 교육이 모든 상담자에게 필요하다고 강조하였다.

이와 같이 최근 사회적 변화와 함께 맞물려 변화되어 가는 상담현장에 대한 전문성과 상담자가 지닌 윤리적 의식의 날이 갈수록 더욱 중요해지고 있어 상담자는 수시로 자신의 윤리적 인식이나 가치관 등을 숙고해 볼 필요가 있다.

※ 온라인 정보를 검색하기 전에 상담자가 숙고해 봐야 할 질문(강수정, 유금란, 2018)

　1. 내담자의 정보를 온라인으로 검색하고 싶은 이유는 무엇인가?

　2. 나의 검색 행동이 상담을 이롭게 하는가, 위태롭게 하는가?

　3. 검색 전에 내담자에게 사전 동의를 받아야하는가?

　4. 검색한 결과를 해당 내담자와 공유해야 하는가?

　5. 검색으로 발견한 내용을 상담자료로 문서화해야 하는가?

　6. 나의 온라인 검색 동기와 실제 검색 행동이 지니는 이로움과 위험성을 어떤 방식으로 감찰할 수 있는가?

2. 사이버상담에서 쟁점이 되는 윤리적 문제

 생각상자

다음의 사례에서 윤리적으로 문제가 된다고 생각되는 부분을 찾아보고 그 이유를 함께 정리해 본 후 정리된 내용을 함께 나누어 봅시다.

　A 상담자는 청소년의 집으로 직접 찾아가서 상담을 하는 업무를 새롭게 맡게 되었다. A 상담자는 청소년과 친밀해지는 것이 신뢰감 형성에 도움이 될 것 같아 청소년과 휴대전화 번호를 공유했으며, 카카오톡을 통해 상담약속 시간 이외의 소소한 일상생활을 공유하게 되었다. 상담자 또한 상담자의 일상에서 일어난 일을 개인 SNS 계정에 업로드하였고, 청소년 내담자와 함께 한 프로그램 활동 사진들과 소감 등도 함께 업로드하여 공유하였다. 또한 상담자는 내담자를 보다 잘 파악하고 싶어서 해당 청소년의 SNS 계정을 검색하여 정보를 파악하여 활용하기도 했다.

　A 상담자와 청소년이 코로나 19로 만나지 못했을 때도 상담자는 별도의 조치 없이 자신의 카카오톡에 친구로 연결되어 있는 청소년과 상담을 진행하기도 했다.

★ _____

★ _____

★ _____

　청소년을 대상으로 운영하는 사이버상담에서는 대면상담 현장에서 나타나는 윤리적 쟁점인 이중관계, 비밀보장의 한계, 상담정보 공유 요청 및 상담기록 관리, 상담자 개입의 적절성, 연계 기관의 비협조적 태도, 위기관리 등과 더불어 사이버 공간상에서의 윤리적 쟁점이 부가적으로 발생한다. 즉, 인터넷 환경에서의 개인정보 보호 및 정보검색, 상담자 정보 개방성, 위기문제 개입상황(제2장 1절의 청소년 위기문제) 등이며, 이러한 윤리적 문제는 법률과도 연결된다. 법률은 윤리강령 위반 시보다 강력한 처벌을 수반하게 되며, 상담자가 전문가로서 해야 하고 하지 말아야 할 행동의 한계와 경계점을

[참고] 청소년상담사 윤리강령에서의 사이버상담 관련 내용

▶ 사이버상담에서의 정보 관리

• 운영 특성상, 한 명의 내담자가 여러 명의 사이버상담자를 만나게 되는 경우 상담자들 간 정보 공유를 할 수 있음에 대해 내담자에게 알림

• 사이버상담 운영기관에서는 이용자가 다른 사람의 신분을 도용하지 않도록 절차를 마련해야 함

▶ 사이버상담에서의 책임

• 사이버상담자는 만약에 있을 위기개입 등의 상황 대비를 위해 내담자 신분을 확인할 방법을 가지고 있어야 함

• 사이버상담이 내담자에게 부적절하다고 간주될 경우, 대면상담 연계 등 적합한 서비스로 연계해야 함

다룬 것이다. 상담자는 윤리와 법률적 책임 사이에서 갈등이 있을 경우 윤리적 가치를 가장 적게 손상시킬 수 있는 범위에서의 법을 따르는 것을 고려할 필요가 있다.

1) 개인정보 보호 및 비밀보장의 한계

(1) 개인정보 보호

윤리는 기본적으로 상담전문가로서 책무성을 지키고 윤리적 직무를 수행하도록 돕기 위한 것으로 윤리적 기준 준수가 사이버상담 업무의 효율적인 수행을 촉진할 수 있다는 점에서 윤리와 개인정보 보호에 관한 교육은 매우 중요하다. 특히 사이버상담에서 개인정보 보호가 강조되어야 하는 이유는 각종 개인정보를 통해 사이버폭력 등의 범죄 위험성으로부터 노출되지 않도록 주의를 기울여야 하기 때문이다. 개인정보 보호를 다룬 법률인「개인정보 보호법」제2조에 따르면, 개인정보란, 성명, 주민등록번호, 영상 등을 통해 개인을 알아볼 수 있는 정보이며, 이 밖에도 다른 정보와 쉽게 결합하여 특정 개인을 알아볼 수 있는 정보라고 했다.

따라서 글자를 중심으로 상담이 이루어지는 사이버상담에서는 상담기록이 저장되는 특성 등이 있어 내담자 정보를 어떤 방식으로 수집할 것인지 윤리적, 법적인 사항을 사전에 고지한 후 상담이 진행될 수 있도록 조치해야 한다. 사이버상담을 시작하기 전 단계에서 반드시 고지해야 하는 사항들은 「개인정보 보호법」「저작권법」「콘텐츠산업 진흥법」「정보통신산업 진흥법」등을 참고하여 필수적인 내용을 이용약관에 정리하여 고지할 수 있다. 예를 들면, 개인정보보호법에 따른 목적, 보유기간, 제3자 제공, 권리와 의무, 처리되는 개인정보 항목, 개인정보 열람 창구 등을 상담 운영 기관의 방침과 함께 다음의 예시와 같이 제시할 수 있다.

사이버상담 채널 접속 단계 전 '개인정보처리방침 및 이용약관' 게시 TIP

▶ 사전고지 주요 내용
- 이용약관에 포함되어야 할 일반적 사항: 기본운영 방침, 약관의 적용범위, 해당 기관에서 사이버상담을 이용함에 있어 해서는 안 되는 행동, 협조가 필요한 사항, 비밀보장의 한계, 개인정보의 처리 방침 및 보유기간, 개인정보의 제3자 제공 등

개인정보 보호 등에 도움이 되는 기관 정보

▶ 한국인터넷진흥원
- 정보 보호, 디지털 전문기관으로 개인정보 보호 및 사이버 침해 등에 관해 대응하는 사업을 수행하는 과학기술정보통신부 산하기관으로 해킹 및 스팸개인정보침해 신고센터(118)를 운영하고 있음
▶ 한국지능정보사회진흥원(NIA)
- 국가정보화 정책을 수립하고 지원하며 지능정보사회 등에 대한 법제도 등을 연구, 정보화통계, 정보화교육 등의 업무를 수행하고 있음
▶ 개인정보보호위원회(www.pipc.go.kr)
- 개인정보 보호와 관련된 법령 개선, 정책 · 제도 · 계획 수립 · 집행, 권리 침해에 대한 조사 · 처분, 고충 처리 · 권리 구제 및 분쟁 조정, 국제기구 및 외국의 개인정보 보호기구와의 교류 · 협력, 법령 · 정책 · 제도 · 실태 등의 조사 · 연구, 교육, 홍보, 기술개발의 지원 · 보급 및 전문인력의 양성 등에 대한 업무를 수행함(「개인정보 보호법」 제7조의8)
- ※ 홈페이지 내 개인정보 보호 포털, 프라이버시 클린서비스, 개인정보 침해신고센터, 개인정보 분쟁조정위원회 등을 활용 가능

(2) 비밀보장

 생각상자

사례를 읽고 다음의 질문에 대한 자신의 생각을 정리해 보자.

채팅상담실에 입장을 하자마자 내담자는 "죽고 싶다."는 말을 꺼냈다. 상담자는 내담자가 긴급한 위기상황에 있는 것은 아닌지 탐색하기 위해 구체적인 자살 경험이나 계획 등을 탐색해 나갔다. 내담자는 오랫동안 우울증 약을 먹으며 치료하고 있지만, 과거에 있었던 유사한 상황이 있을 때면 우울한 상황을 견디기 힘들고 그럴 때마다 손목을 긋기도 하고, 옥상에 올라가 난간에 서 있다가 무서워서 시도하지 못했다고 했다. 그런데 이번에는 자살하고 싶은 충동이 너무 강해서 상담에 오기는 했지만 참을 수 있을지 모르겠다고 말하고 한참 동안 응답이 없었다. 상담자는 긴급한 상황으로 판단하여 상담 시스템으로 접속 당시 남겼던 내담자 정보를 내담자 동의 없이 112 경찰 신고를 하면서 제공하게 되었다. 신고 후에도 상담자는 내담자가 안전하게 구조가 될 때까지 대화를 이어 갔다.

Q. 사례에서 상담자는 비밀보장이라는 윤리적 기준을 어긴 것인가? 만약 자신이 상담자라면 어떻게 판단하여 상담을 진행하고 싶은가?

★ _____
★ _____

비밀보장이란 상담에서는 윤리적 의미를 지닌 개념으로 상담자가 내담자의 사생활을 존중해 주어야 할 의무이며 상담에서 알게 된 내담자 정보가 알려지지 않도록 보호해야 하는 것을 말한다(강진령, 이종연, 유형근, 손현동, 2009). 사이버상담에서도 내담자의 사생활과 상담 관계에서 알게 된 개인적 정보에 대해 비밀을 보장해야 하는 것과 상담을 받고 있다는 사실 또는 상담 관련 기록의 제3자 제공 등의 내용이 유사하게 적용된다. 이처럼 상담에서 내담자 정보에 대한 비밀보장이 중요한 이유는 무엇일까? 그것은 바로 효과적인 상담과 치료를 위한 것이다. 상담자가 내담자로부터 얻은 정보를 잘 지켜 줄 것이라는 확신과 믿음이 있을 때, 내담자는 자신의 이야기를 더 개방된 태도로 꺼내 놓을 수 있고 이는 곧 상담의 효과에도 연결이 되기 때문이다(강진령 외, 2009).

그러나 청소년상담에서 자주 나타나는 비밀보장의 예외적 사항과 한계가 반드시 존재한다. 상담자들에게 1차적 의무는 내담자를 보호하는 것이지만 이러한 의무를 지키지 못하는 한계가 있기 마련이며, 사이버상담에서도 예외는 아니다. 국가자격인 청소년상담사 윤리강령에 명시된 비밀보장의 한계에 따르면, 내담자의 생명이나 사회의 안전을 위협하는 경우(공개하여 위험의 목표가 되는 사람을 보호하고 안전을 확보해야 함), 법적으로 정보 공개가 요구되는 경우(내담자에게 사실을 알리고 최소한의 정보만 공개해야 함), 내담자에게 감염성 있는 치명적 질병이 있을 경우(관련 기관 신고, 질병에 노출되는 제3자에게 정보를 공개해야 함), 아동학대, 청소년 성범죄, 성매매, 학교폭력, 노동관계 법령 위반 등 법령에 의해 신고의무자로 규정된 경우(해당 기관에 관련 사실 신고해야 함-위기문제별 자세한 내용은 제7장 참조) 등은 비밀보장이 어려운 상황이라고 보고 있으며 각 상황별 상담자의 대처방법들을 제시하고 있다.

[참고] 청소년상담 및 복지의 근간이 되는 주요 법률 -「청소년복지지원법」

▶「청소년복지지원법」중 상담 윤리와 연결되는 주요 내용

※ 제37조 비밀 누설의 금지: 청소년상담원, 청소년상담복지센터, 이주배경청소년지원센터(이하 "청소년복지지원기관"이라 한다)나 청소년복지시설에서 청소년복지 업무에 종사하거나 종사하였던 사람은 그 직무상 알게 된 비밀을 누설하여서는 아니 된다.

2) 상담기록물 저장과 공유

사이버상담은 인터넷상에 상담기록이 자동 저장되는 형태로 이루어지고 있어서 해킹이나 정보 유실 및 유출 등의 예기치 않은 상황이 발생할 수 있는 위험성이 있다. 그러므로 이러한 위험한 상황으로부터 상담기록물을 어떻게 관리할 수 있을지 사전에 방안을 마련하여야 한다. 상담기록과 저장 등에 관한 사항은 앞서 살펴봤던 개인정보 보호와도 연결이 된다. 즉, 상담기록이 저장된다는 사실에 대해 상담이 본격적으로 이루어지기 전에 이용약관 등을 통해 사전고지되어야 한다. 예를 들면, 효과적인 상담을 위해 자신의 상담기록을 저장하는 것이 도움이 될 수 있다는 등의 설명을 추가하여 약관을 구성할 수 있다. 또한 내담자가 작성한 기록에 대해 내담자가 원할 경우 스스로 삭제가 가능할 수 있는 장치를 마련하고 이에 대해서도 사전 안내해 줄 필요가 있으며, 복구 불가능성 등에 대해서도 알려 줄 필요가 있다.

상담기록물 저장 연한에 대해서도 사전고지를 하고, 정보 주체자가 삭제를 요청할 경우 저장 연한이 남아 있더라도 해당 데이터는 삭제해야 한다. 즉, 상담기록물 저장 연한이 사전고지가 되어 정보 주체가 사전 동의한 기한이 남아 있더라도 정보는 삭제해 주어야 한다. 상담기록물 저장 연한은 일반적으로 5년에서 10년 이내로 설정되어 있으며 내담자들이 접근하는 웹사이트 등의 메인 화면에 '개인정보처리방침' 등의 내용을 포함하여 제시해야 한다.

청소년 사이버상담의 경우 글자로 상담이 진행되어 상담기록을 내담자와 상담자 상호가 모두 공유하게 된다. 그러므로 상담기록을 동의나 허락 없이 외부에 유포하는 등의 활용 문제가 발생하지 않도록 올바른 콘텐츠 사용에 대한 안내도 필요하다.

청소년상담사 윤리강령에 명시된 '기록 및 보관' 관련 내용 예시

- 내담자에게 전문적 서비스 제공을 위해 상담내용을 기록 보관
- 기록 보관은 공공기관이나 교육기관 등 각 기관이 정한 기록 보관 연한을 따르며, 해당하지 않을 경우 3년 이내 보관 원칙
- 기록 및 녹음에 관해 내담자의 사전 동의를 구함
- 면접기록, 심리검사자료, 편지, 녹음 및 동영상 파일, 기타 기록 등 상담과 관련된 기록을 보관하고 처리하는 데 비밀을 준수해야 함
- 내담자 및 보호자(만 14세 미만 내담자 청소년의 경우)의 동의 없이 상담의 기록을 제3자나 기관에 공개하지 않음
- 내담자와 보호자가 상담기록의 삭제를 요청할 경우 법적, 윤리적 문제가 없는 한 삭제해야 함(삭제하지 못할 경우 타당한 이유를 설명해야 함)
- 상담자의 퇴직, 이직 등의 이유로 상담을 중단하게 될 경우 기록과 자료를 적절한 절차에 따라 기관이나 전문가에게 양도함
- 전자기기 및 매체를 활용해 상담 관련 정보를 기록 관리하는 경우, 기록의 유출 또는 분실 가능성에 대해 경각심과 주의 의무를 가져야 하며 내담자의 정보보호를 위해 적극 노력해야 함
- 내담자의 기록이 전산시스템으로 관리되는 경우, 접근 권한을 명확히 설정하여 내담자 신상이 공개되지 않도록 조치해야 함

출처: 한국청소년상담복지개발원(2021a).

3. 윤리적 딜레마 상황에서의 의사결정 전략

사이버상담자들은 앞에 제시되었던 비밀보장의 한계 상황 등에서 윤리적 딜레마를 경험하기도 한다. 두 가지 이상의 비밀보장과 관련된 문제 중에서 갈등이 있지만 어느 한 가지를 선택해야 하는 상황(김하영, 2014), 또는 매우 복잡한 내담자 상황에 의해 어떠한 기준의 윤리적 원칙을 적용해야 하는지

명확하게 알 수 없을 때 상담자들은 윤리적 딜레마를 경험하게 된다(Ahia, 2003). 따라서 상담자는 이러한 딜레마 상황에서 어떻게 의사결정을 내려야 할지 나름대로 기준을 가지고 있어야 한다.

상담과정에서 결정 불가능한 상황에 직면했을 때 여러 가지 목표나 수단, 대안 중에서 하나를 선택하여 결정해야 하는 것으로, 윤리적 딜레마에 직면했을 때 윤리적 문제를 인식하고 이를 해결해 나가는 과정을 윤리적 의사결정이라고 한다(김옥진, 김형수, 김기민, 장성화, 2011). 청소년 사이버상담에서 상담자가 윤리적 의사결정을 내려야 하는 순간은 앞 장에서 살펴본 청소년 위기문제(가출, 자살, 폭력, 임신 등)와 연결되어 발생하는 경우가 많다. 그러므로 사이버상담자는 위기문제와 연결된 법률적 내용과 더불어 스스로 어떠한 절차를 통해 의사결정을 할 것인지 미리 인지하고 있을 필요가 있다. 상담자는 가장 첫 번째로, 윤리적 측면에서 민감해져 있어야 하며, 다음으로, 윤리적 갈등 상황에 대한 사실 확인과 이해 당사자가 누구인지를 구체화 할 수 있어야 한다. 세 번째 단계에서는 갈등의 핵심 문제가 무엇인지 확인하고

표 8-1 청소년상담의 윤리적 의사결정 모형
• 1단계: 상담의 윤리적 측면에 대해 민감해져야 함
• 2단계: 사실 확인 및 이해 당사자를 구체화해야 함
• 3단계: 핵심 문제의 확인 및 대안을 수립해야 함
• 4단계: 관련 법률, 규정, 윤리 기준 등을 찾아보고 참고해야 함
• 5단계: 관련 참고문헌 등을 탐색해야 함
• 6단계: 윤리 원칙을 상황에 적용하기
• 7단계: 수련감독자나 동료에게 자문받기
• 8단계: 심사숙고하여 대안 결정하기
• 9단계: 관련자들에게 알리고 결정 내용을 실행하기
• 10단계: 반성하기

출처: 한국청소년상담복지개발원(2018).

그에 따른 대안을 수립해야 하며, 이때 관련 법률과 규정, 윤리적 기준 등을 참고하여야 한다. 또한 관련 참고문헌, 윤리 원칙 등을 상황에 적용해 보고 나름대로 정리를 한 뒤 그 내용을 수련감독자나 동료에게 자문을 받을 필요가 있다. 상담자는 자문내용과 자신이 정리해 둔 윤리적 갈등의 대안들에 대해 심사숙고하여 결정을 내린 뒤, 관계자들에게 그 사실을 알리고 결정사항을 실행하는 것이 좋다. 이후 재발상황 등에서 보다 현명한 대처를 위해 다시 한번 되돌아보고 숙고해 볼 시간을 갖는 것도 도움이 된다.

다음의 내용은 법과 윤리적 가치가 충돌했을 때 어떻게 의사결정을 할 수 있을지에 대해 이론적 의사결정 모델을 사례에 대입하는 상담자 답변 예시를 제시하였다.

법과 윤리적 가치 충돌 시 의사결정의 예

① 내담자가 타인에게 폭력을 가하겠다고 예고했을 때, 법정에서 증인으로 진술해 달라는 요청을 받았으나 내담자가 원하지 않을 때
② 아버지로부터 성적인 학대를 당한 청소년 내담자가 관계 당국에 보고하지 말기를 강력히 요구할 때

구분 단계	이론적 의사결정 모델의 질문	사례에 대한 상담자 대응 방안 예시
1	• 법이 요구하는 것은 무엇인가?	• '자문이나 조사'를 통해 확인
2	• 당신의 윤리적인 의무는 무엇인가? • (학회 등의) 윤리강령은 당신의 의무에 관해 정보를 제공하는가? • 아니면 당신은 문제에 대처하기 위해 당신의 개인적인 가치들을 어떻게 활용할 수 있는가?	• 상담자 자신의 직업적 윤리나 개인적 가치를 탐색

3	당신은 법적 요구사항과 윤리적인 의무를 어떻게 조정할 수 있는가?	• 법적인 의무사항과 윤리적인 의무들을 모두 만족시킬 수 있는 방법들을 모색
4	• 당신은 법을 따라야 하는가, 아니면 당신의 윤리적 가치를 따라야 하는가? • 당신은 법적인 의무와 내담자를 포함한 관련 당사자들에게 발생할 결과 사이에서 어떻게 균형을 잡을 수 있는가?	• 법과 윤리적 가치 중 어느 하나를 따르기로 결정했을 때, 선택하지 않은 것을 최소한으로 위반할 수 있는 방법을 모색
5	• 갈등을 예상하고 예방적인 조치를 취할 수 있는가?	• 법과 윤리적 원칙 사이의 갈등을 줄이는 한 가지 방편으로 정보에 근거한 동의를 강조

활동 1. 인터넷에서 경험한 자신의 사례나 앞 장에서 살펴본 사이버상담 위기 사례를 토대로 나타날 수 있는 법과 윤리적 가치가 충돌할 수 있는 상황을 제시해 보고, 그에 따른 의사결정을 제시해 보자(사이버상담에서 나타날 수 있는 법과 윤리적 가치의 충돌이 생길 수 있는 사례 제시).

구분 단계	이론적 의사결정 모델의 질문	사례에 대한 상담자 답변(작성)
1	• 법이 요구하는 것은 무엇인가?	•
2	• 당신의 윤리적인 의무는 무엇인가? • (학회 등의) 윤리강령은 당신의 의무에 관해 정보를 제공하는가? • 아니면 당신은 문제에 대처하기 위해 당신의 개인적인 가치들을 어떻게 활용할 수 있는가?	•

3	당신은 법적 요구사항과 윤리적인 의무를 어떻게 조정할 수 있는가?	•
4	• 당신은 법을 따라야 하는가, 아니면 당신의 윤리적 가치를 따라야 하는가? • 당신은 법적인 의무와 내담자를 포함한 관련 당사자들에게 발생할 결과 사이에서 어떻게 균형을 잡을 수 있는가?	•
5	• 갈등을 예상하고 예방적인 조치를 취할 수 있는가?	•

출처: 서영석 외(2009), 재구성.

상담에서의 윤리적 법적 이슈에 대한 자기효능감(ELICSES) 척도

다음에 제시되어 있는 윤리적, 법적 문제를 해결할 수 있는 자신의 능력이 어느 정도라고 생각하는지 0에서 100점 사이의 숫자 중 1개를 선택하여 체크해 주세요.

		전혀 할 수 없다　어느 정도 할 수 있다　확실히 할 수 있다										
		0	10	20	30	40	50	60	70	80	90	100
1	학대 사례에 대하여 언제 보고하는 것이 적절한지 구별한다.											
2	상담을 지속적으로 잘 할 수 있도록 신체적, 심리적 건강(wellness)을 유지한다.											
3	내담자와의 경계가 잘 세워졌는지 확인한다.											
4	방임 사례를 언제 보고하는 것이 적절한지를 인지한다.											
5	내담자의 호소문제를 진단한다.											
6	윤리적, 법적 개념을 정의한다(소환장, 의무절차, 비밀보장).											
7	학대 및 방임의 신호를 알아차린다.											

8	자살 가능성이 있는 내담자에게 반응한다.	
9	자살 가능성이 있는 내담자에게 적절한 조치를 취한다.	
10	내담자에게 내려진 정신장애 및 정서장애의 공식적 진단에 대해 해석한다.	
11	부정적 이중관계를 피한다.	
12	윤리적 딜레마를 맞닥뜨렸을 때 취해야 하는 절차를 기술한다.	
13	내담자에 관한 인권법적 지식을 가지고 있다.	
14	상담자의 전문적인 역할에 대하여 설명한다.	
15	상담사의 신체적, 심리적 건강(wellness)을 위한 적절한 행동을 발달시킨다.	
16	내담자에게 적용할 수 있는 차별법과 윤리를 이해한다.	
17	내담자의 호소문제나 상황을 법적인 상황을 고려하여 해석한다.	
18	윤리적 딜레마를 해결한다.	
19	학대 및 방임의 징후를 포착한다.	
20	자신의 소진과 관련하여 있을 수 있는 느낌들을 인식한다.	
21	적절한 다중관계를 인식한다.	
22	내담자에 대하여 평가를 효과적으로 실행하고 보고한다.	
23	기록에 관해 법적인 소환에 응한다.	

출처: 박찬훈(2021).

4. 사이버상담에서의 상담자 보호

사이버상담의 익명성 등의 특징에 의해 상담과정에서 발생되는 다양한 문제 상황(예: 이용자의 폭언, 욕설, 성희롱 등의 사이버폭력)으로부터 사이버상담자의 정신건강을 보호하기 위해 기관은 다음과 같은 내용을 참고하여 별도의 대응 방침을 마련해 두어야 한다.

[참고] 「산업안전보건법」

▶ 「산업안전보건법」 관련 내용 제41조(고객의 폭언 등으로 인한 건강장해 예방조치)

① 사업주는 주로 고객을 직접 대면하거나 「정보통신망 이용촉진 및 정보보호 등에 관한 법률」 제2조 제1항 제1호에 따른 정보통신망을 통하여 상대하면서 상품을 판매하거나 서비스를 제공하는 업무에 종사하는 근로자(이하 "고객응대근로자"라 한다)에 대하여 고객의 폭언, 폭행, 그 밖에 적정 범위를 벗어난 신체적 · 정신적 고통을 유발하는 행위(이하 "폭언 등"이라 한다)로 인한 건강장해를 예방하기 위하여 「고용노동부령」으로 정하는 바에 따라 필요한 조치를 하여야 한다.

상담자 보호조치를 위한 방안 마련 TIP

▶ 폭언, 성희롱 등 문제 발생 시 관리자와의 공동대응이 가능한 연락망과 조직 구성, 대응 매뉴얼 마련과 이에 대한 교육 필요

▶ 대응 매뉴얼 마련 시 참고할 수 있는 정보: 한국산업안전보건공단 홈페이지(www.kosha.or.kr)의 '감정노동자 보호' 관련 자료를 통해 기관에 맞는 상담자 보호 대응 매뉴얼을 마련할 수 있음

▶ 상담자 보호조치의 예

[예시]

채팅상담에서 퇴장한 내담자가 지속적으로 특정 상담자의 채팅상담실에만 들어와 성적 욕구를 드러내는 경우 → 관리자 및 해당 상담자의 수퍼바이저와 상의하거나 기관에서 마련한 매뉴얼에 따라 적절한 대응 문장을 내보내고 상담자에게 휴게시간 제공 등의 조치를 취할 수 있음

• 대응 문장 예시 1. ○○님이 지금 하는 말씀은 상담자가 성적으로 불쾌감을 느낄 수 있습니다. 사적인 대화는 자제해 주시고 채팅상담실에서는 상담이 필요한 호소문제를 말씀해 주세요.

• 대응 문장 예시 2. 1회 이상 성적 불쾌감을 주는 용어가 반복될 경우 채팅 내용은 증거자료로 제출될 수 있고, 상담 이용에 제한을 받을 수 있습니다.(관련 법령도 제시해 주기)

실제로 사이버상담뿐만 아니라 비대면상담 서비스를 제공하는 상담자는 이용자들의 무례함, 욕설, 성희롱성 발언, 위협과 협박에 노출되어 있다. 또한 상담에 대한 일방적인 비난에 고통받고 있다. 물론 비대면상담의 특성상 이용자는 심리적, 물리적으로 취약하고 불안정한 상태이므로 이들의 예민함에 대해 상담자는 충분히 인지하고 상담해야 한다. 그러나 이러한 과정에서 상담자의 소진과 심신의 피해는 많은 기간 동안 중요하게 다루어지지 않았다.

최근에는 법률과 지침에 따라 상담자 보호를 위해 노력하고 있으나 현재까지는 실효를 거두는 것이 쉽지 않다. 물론 이러한 법률 등은 향후 개선되어 상담자 보호를 위한 실제 장치가 되어야 할 것이다. 또한 사이버상담 등 비대면상담을 하는 기관 및 시설에서는 상담자들의 보호를 위한 자체적인 장치를 마련해야 한다. 즉, 업무방해 및 명예훼손 등의 고소ㆍ고발을 위한 법률적, 재정적 지원과 함께 소진 예방을 위한 다양한 프로그램과 조치를 마련하여야 한다.

청소년사이버상담
셀프케어 지원 콘텐츠

1) 솔로봇

솔로봇상담

♠ 홈 > 상담실 > 솔로봇상담

솔로봇상담 이용안내

- 솔로봇상담은 게임 또는 영상을 통해 고민을 가진 등장인물(또는 캐릭터)이 되어보고, 가상의 상담자(도담쌤)와 함께 고민을 해결하는 곳입니다.

- 솔로봇상담을 이용하고 컴슬러(전문상담자)의 응원을 받아보세요.
  - [응원 확인 방법] 도담쌤의 격려 메시지 클릭

- 솔로봇상담을 이용한 후 자신이 선택한 솔로봇상담 주제에 대한 추가적인 궁금증을 적어주면 컴슬러(상담선생님)이 답장을 드립니다.
  - [답장 확인 방법] 솔로봇게시판 클릭

게임	영상
🐢 가상의 캐릭터가 되어 간단한 묻고 답하는 게임을 통해 고민을 해결해보아요. 📱 설정변경에서 사운드 재생(예)을 선택하면 상담자 "도담쌤"의 목소리를 들을 수 있어요. 👥 상담자 "도담쌤"의 성별을 선택할 수 있어요.	🕐 나와 유사한 고민을 하는 등장인물의 영상을 보며 고민을 해결해보아요. 📄 영상을 본 후 영상 옆 ▶ 버튼을 클릭하면 추가적인 도움을 받을 수 있어요.

후기청소년 19~24세 후기청소년을 대상으로 만들어진 솔로봇상담입니다.

초등저부모 초등학교 저학년 부모를 대상으로 만들어진 솔로봇상담입니다.

출처: 청소년사이버상담센터 홈페이지(www.cyber138.kr).

2) 웹심리검사

웹심리검사

♠ 홈 > 상담실 > 웹심리검사

출처: 청소년사이버상담센터 홈페이지(www.cyber138.kr).

3) 고민해결백과

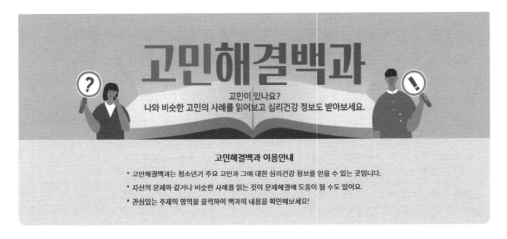

출처: 청소년사이버상담센터 홈페이지(www.cyber138.kr).

4) 온라인 부모교육 프로그램 '이음-e'

온라인부모교육 이음-e

♠ 홈 > 상담실 > 온라인부모교육 이음-e

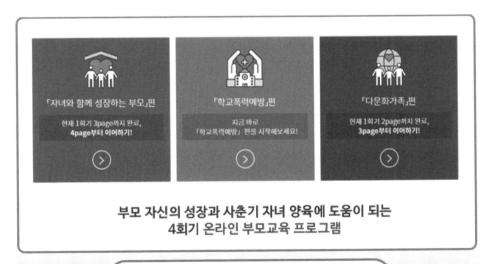

출처: 청소년사이버상담센터 홈페이지(www.cyber138.kr).

부록 2

청소년사이버상담 연계 기관

1) 전국 청소년상담복지센터

지역별 구분	센터명	전화번호
서울특별시	서울시청소년상담복지센터	02-2285-1318
서울특별시(구)	강남구청소년상담복지센터	02-2226-8555
	강동구청소년상담복지센터	070-8819-1388
	강북구청소년상담복지센터	02-6715-6661
	강서구청소년상담복지센터	02-2061-8998
	관악구청소년상담복지센터	02-872-1318
	광명시청소년상담복지센터	02-809-2000
	광진구청소년상담복지센터	02-2205-2300
	구로구청소년상담복지센터	02-852-1319
	금천구청소년상담복지센터	02-803-1873
	노원구청소년상담복지센터	02-2091-1387
	도봉구청소년상담복지센터	02-6956-4501
	동대문구청소년상담복지센터	02-2236-1318
	동작구청소년상담복지센터	02-845-1388
	마포구청소년상담복지센터	02-3153-5982
	서대문구청소년상담복지센터	02-3141-1318
	서초구청소년상담복지센터	02-525-9128
	성동구청소년상담복지센터	02-2299-1388
	성북구청소년상담복지센터	02-3292-1779
	송파구청소년상담복지센터	02-449-7173
	양천구청소년상담복지센터	02-2646-8341
	영등포구청소년상담복지센터	02-2676-6114
	용산구청소년상담복지센터	02-706-1318
	은평구청소년상담복지센터	02-384-1318
	종로구청소년상담복지센터	02-762-1318
	중랑구청소년상담복지센터	02-496-1895

경기도청소년상담복지센터	경기도청소년상담복지센터	031-248-1318
경기도(시)	과천시청소년상담복지센터	02-504-1388
	고양시청소년상담복지센터	031-979-1318
	광주시청소년상담복지센터	031-760-2219
	구리시청소년상담복지센터	031-557-2000
	군포시청소년상담복지센터	031-397-1388
	김포시청소년상담복지센터	031-984-1388
	남양주시청소년상담복지센터	031-590-8097~8
	동두천시청소년상담복지센터	031-861-1388
	부천시청소년상담복지센터	032-325-3002
	성남시청소년상담복지센터	031-756-1388
	수원시청소년상담복지센터	031-218-0446
	시흥시청소년상담복지센터	031-318-7100
	안산시청소년상담복지센터	031-414-1318
	안성시청소년상담복지센터	031-676-1318
	안양시청소년상담복지센터	031-446-0242
	양주시청소년상담복지센터	031-858-1318
	여주시청소년상담복지센터	031-882-8889
	오산시청소년상담복지센터	031-372-4004
	용인시청소년상담복지센터	031-324-9300
	의왕시청소년상담복지센터	031-452-1388
	의정부시청소년상담복지센터	031-872-1388
	이천시청소년상담복지센터	031-634-2777~8
	파주시청소년상담복지센터	031-946-0022
	평택시청소년상담복지센터	031-656-1383
	포천시청소년상담복지센터	031-533-1318
	하남시청소년상담복지센터	031-790-6680
	화성시청소년상담복지센터	031-225-1318
경기도(군)	가평군청소년상담복지센터	031-581-0397

경기도(군)	양평군청소년상담복지센터	031-775-1318
	연천군청소년상담복지센터	031-832-4452
인천광역시청소년상담복지센터	인천광역시청소년상담복지센터	032-429-0394
인천광역시(구)	계양구청소년상담복지센터	032-547-0855
	남동구청소년상담복지센터	032-469-7197~8
	동구청소년상담복지센터	032-777-1388
	부평구청소년상담복지센터	032-509-8916
	연수구청소년상담복지센터	032-818-0358
	인천미추홀구청소년상담복지센터	032-862-8751
	인천서구청소년상담복지센터	032-584-1388
	중구청소년상담복지센터	032-773-1317
강원도청소년상담복지센터	강원도청소년상담복지센터	033-256-9803
강원도(시)	강릉시청소년상담복지센터	033-655-1388
	동해시청소년상담복지센터	033-535-1388
	삼척시청소년상담복지센터	033-575-5033
	속초시청소년상담복지센터	033-638-1388
	원주시청소년상담복지센터	033-744-1388
	춘천시청소년상담복지센터	033-818-1388
	태백시청소년상담복지센터	033-582-1377
강원도(군)	영월군청소년상담복지센터	033-375-1318
	정선군청소년상담복지센터	033-591-1313
	철원군청소년상담복지센터	033-452-2000
	홍천군청소년상담복지센터	033-433-1386
	횡성군청소년상담복지센터	033-344-1388
충청남도청소년상담복지센터	충청남도청소년상담복지센터	041-554-2130
충청남도(시)	공주시청소년상담복지센터	041-856-1388
	계룡시청소년상담복지센터	042-551-1318
	논산시청소년상담복지센터	041-736-2041
	당진시청소년상담복지센터	041-357-2000

충청남도(시)	보령시청소년상담복지센터	041-936-5710
	서산시청소년상담복지센터	041-669-2000
	아산시청소년상담복지센터	041-532-2000
	천안시청소년상담복지센터	041-622-1388
충청남도(군)	금산군청소년상담복지센터	041-751-2007
	부여군청소년상담복지센터	041-836-1898
	서천군청소년상담복지센터	041-953-4040
	예산군청소년상담복지센터	041-335-1388
	청양군청소년상담복지센터	041-942-9596
	태안군청소년상담복지센터	041-674-2800
	홍성군청소년상담복지센터	041-634-4858
대전광역시청소년상담복지센터	대전광역시청소년상담복지센터	042-257-2000
대전광역시(구)	대전서구청소년상담복지센터	042-527-1112~3
	유성구청소년상담복지센터	042-824-3454
충청북도청소년상담복지센터	충청북도청소년상담복지센터	043-258-2000
충청북도(시)	청주시청소년상담복지센터	043-275-1388
	서청주청소년상담복지센터	043-297-1388
	충주시청소년상담복지센터	043-842-2007
	제천시청소년상담복지센터	043-642-7949
충청북도(군)	괴산군청소년상담복지센터	043-834-7943
	단양군청소년상담복지센터	043-421-8370
	보은군청소년상담복지센터	043-542-1388
	영동군청소년상담복지센터	043-744-5700
	옥천군청소년상담복지센터	043-731-1388
	음성군청소년상담복지센터	043-873-1318
	증평군청소년상담복지센터	043-835-4188
	진천군청소년상담복지센터	043-536-3430
세종특별자치시청소년상담복지센터	세종특별자치시청소년상담복지센터	044-867-2022
부산광역시청소년상담복지센터	부산광역시청소년상담복지센터	051-804-5001

	금정구청소년상담복지센터	051-581-2084
부산광역시(구)	동래구청소년상담복지센터	051-555-1388
	부산남구청소년상담복지센터	051-621-1389
	부산동구청소년상담복지센터	051-632-1387
	부산서구청소년상담복지센터	051-714-3013
	부산진구청소년상담복지센터	051-868-0956
	북구청소년상담복지센터	051-343-1388
	사상구청소년상담복지센터	051-327-1388
	사하구청소년상담복지센터	051-207-7169
	수영구청소년상담복지센터	051-759-8413
	영도구청소년상담복지센터	051-405-5605
	해운대구청소년상담복지센터	051-731-4046
부산광역시(군)	기장군청소년상담복지센터	051-792-4880
울산광역시청소년상담복지센터	울산광역시청소년상담복지센터	052-227-2000
울산광역시(구)	울산남구청소년상담복지센터	052-291-1388
	울산동구청소년상담복지센터	052-233-5279
	울산북구청소년상담복지센터	052-283-1388
울산광역시(군)	울주군청소년상담복지센터	052-263-1388
대구광역시청소년상담복지센터	대구광역시청소년상담복지센터	053-659-6240
대구광역시(구)	달서구청소년상담복지센터	053-638-1388
	대구남구청소년상담복지센터	053-624-0996
	대구달성군청소년상담복지센터	053-614-1388
	대구동구청소년상담복지센터	053-984-1319
	대구북구청소년상담복지센터	053-324-1388
	대구서구청소년상담복지센터	053-562-1388
	대구중구청소년상담복지센터	053-423-1377
	수성구청소년상담복지센터	053-759-1388
경상북도청소년상담복지센터	경상북도청소년상담복지센터	054-1388
경상북도(시)	경산시청소년상담복지센터	053-812-1318

경상북도(시)	경주시청소년상담복지센터	054-742-1388
	구미시청소년상담복지센터	054-443-1387
	김천시청소년상담복지센터	054-435-1388
	문경시청소년상담복지센터	054-556-1389
	상주시청소년상담복지센터	054-535-3511
	안동시청소년상담복지센터	054-859-1318
	영주시청소년상담복지센터	054-634-1318
	영천시청소년상담복지센터	054-338-1388
	포항시청소년상담복지센터	054-252-0020
경상북도(군)	고령군청소년상담복지센터	054-956-1383
	군위군청소년상담복지센터	054-382-1388
	봉화군청소년상담복지센터	054-674-1388
	성주군청소년상담복지센터	054-931-1398
	영덕군청소년상담복지센터	054-732-1318
	예천군청소년상담복지센터	054-654-9901
	울진군청소년상담복지센터	054-781-0079
	의성군청소년상담복지센터	054-834-7933
경상북도(군)	청도군청소년상담복지센터	054-373-1610
	청송군청소년상담복지센터	054-872-7626
	칠곡군청소년상담복지센터	054-971-0418
경상남도청소년상담복지센터	경상남도청소년상담복지센터	055-711-1388
경상남도(시)	거제시청소년상담복지센터	055-636-2000
	김해시청소년상담복지센터	055-325-2000
	남해군청소년상담복지센터	055-863-5279
	밀양시청소년상담복지센터	055-355-2000
	사천시청소년상담복지센터	055-835-4199
	양산시청소년상담복지센터	055-372-2000
	진주시청소년상담복지센터	055-744-1128
	창원시마산청소년상담복지센터	055-245-7941

경상남도(시)	창원시진해청소년상담복지센터	055-551-2000
	창원시창원청소년상담복지센터	055-273-2000
	통영시청소년상담복지센터	055-644-2000
경상남도(군)	거창군청소년상담복지센터	055-941-2000
	고성군청소년상담복지센터	055-673-6882
	산청군청소년상담복지센터	055-973-8423
	의령군청소년상담복지센터	055-570-4972
	창녕군청소년상담복지센터	055-532-2000
	하동군청소년상담복지센터	055-883-3000
	함안군청소년상담복지센터	055-583-0924
	함양군청소년상담복지센터	055-963-7922
	합천군청소년상담복지센터	055-932-5499
전라남도청소년상담복지센터	전라남도청소년상담복지센터	061-280-9001
전라남도(시)	광양시청소년상담복지센터	061-795-1388
	나주시청소년상담복지센터	061-334-1388
	목포시청소년상담복지센터	061-272-2440
전라남도(시)	순천시청소년상담복지센터	061-745-1388
	여수시청소년상담복지센터	061-663-2000
전라남도(군)	강진군청소년상담복지센터	061-432-1388
	고흥군청소년상담복지센터	061-834-1318
	곡성군청소년상담복지센터	061-363-9584
	구례군청소년상담복지센터	061-782-0884
	담양군청소년상담복지센터	061-381-1386
	무안군청소년상담복지센터	061-454-5284
	보성군청소년상담복지센터	061-853-1388
	신안군청소년상담복지센터	061-240-8703
	영광군청소년상담복지센터	061-353-1388
	영암군청소년상담복지센터	061-471-8375
	완도군청소년상담복지센터	061-554-1318

	장성군청소년상담복지센터	061-817-1388
	장흥군청소년상담복지센터	061-863-1318
전라남도(군)	진도군청소년상담복지센터	061-544-5122
	함평군청소년상담복지센터	061-323-1324
	해남군청소년상담복지센터	061-537-1388
	화순군청소년상담복지센터	061-375-7442
광주광역시청소년상담복지센터	광주광역시청소년상담복지센터	062-226-8181
	광주동구청소년상담복지센터	062-229-3308
	광주북구청소년상담복지센터	062-251-1388
광주광역시(구)	광주서구청소년상담복지센터	062-375-1388
	광주남구청소년상담복지센터	062-675-1388
	광산구청소년상담복지센터	062-943-1388
전라북도청소년상담복지센터	전라북도청소년상담복지센터	063-276-6291
전라북도(시)	군산시청소년상담복지센터	063-466-1388
	김제시청소년상담복지센터	063-544-1377
전라북도(시)	남원시청소년상담복지센터	063-635-1388
	익산시청소년상담복지센터	063-852-1388
	정읍시청소년상담복지센터	063-531-3000
	고창군청소년상담복지센터	063-563-6792
	무주군청소년상담복지센터	063-323-7717
	부안군청소년상담복지센터	063-583-8772
전라북도(군)	순창군청소년상담복지센터	063-653-4646
	완주군청소년상담복지센터	063-291-7373
	임실군청소년상담복지센터	063-644-1388
	장수군청소년상담복지센터	063-351-5161
	진안군청소년상담복지센터	063-433-2377
제주특별자치도청소년상담복지센터	제주특별자치도청소년상담복지센터	064-759-9951
제주특별자치도(시)	제주시청소년상담복지센터	064-725-7999
	서귀포시청소년상담복지센터	064-763-9191

2) 전국 학교밖지원센터 '꿈드림'

지역별 구분	센터명	전화번호
서울특별시꿈드림센터	서울특별시꿈드림센터	02-2285-1318
서울특별시(구)	강남구꿈드림센터	02-2226-8555
	강동구꿈드림센터	02-6252-1329
	강북구꿈드림센터	02-6715-6691
	강서구꿈드림센터	02-3662-1388
	강서구꿈드림센터	070-4350-5244
	관악구꿈드림센터	02-877-9400
	광명시꿈드림센터	02-6677-1318
	광진구꿈드림센터	02-2205-2300
	구로구꿈드림센터	02-863-1318
	금천구꿈드림센터	02-803-1873
	노원구꿈드림센터	02-930-1388
	도봉구꿈드림센터	02-950-9646
	동대문구꿈드림센터	02-2237-1318
	동작구꿈드림센터	02-834-1358
	마포구꿈드림센터	02-6376-9900
	서대문구꿈드림센터	02-3141-1388
	서초구꿈드림센터	070-4858-1837
	성동구꿈드림센터	02-2296-1318
	성북구꿈드림센터	02-3292-1780
	송파구꿈드림센터	02-3402-1318
	양천구꿈드림센터	02-2646-8341
	영등포구꿈드림센터	02-2637-1318
	용산구꿈드림센터	02-706-1318
	은평구꿈드림센터	070-7113-4942~4
	종로구청소년지원센터	02-742-1318

	중구꿈드림센터	02-2250-0543
서울특별시(구)	중랑구꿈드림센터	02-490-0222
경기도꿈드림센터	경기도꿈드림센터	031-253-1519
	고양시꿈드림센터	031-970-4032
	과천시꿈드림센터	02-502-1318
	광주시꿈드림센터	031-762-1318
	구리시꿈드림센터	031-565-1388
	군포시꿈드림센터	031-399-1366
	김포시꿈드림센터	031-980-1691
	남양주시꿈드림센터	031-590-3946
	동두천시꿈드림센터	031-865-2000
	부천시꿈드림센터	032-327-2232
	성남시꿈드림센터	031-756-1388
	수원시꿈드림센터	031-236-1318
	시흥시꿈드림센터	031-318-7100
경기도(시)	안산시꿈드림센터	031-364-1017
	안성시꿈드림센터	070-7458-1311
	안양시꿈드림센터	031-8045-5012
	양주시꿈드림센터	031-858-1318
	여주시꿈드림센터	031-886-0541
	오산시꿈드림센터	031-372-4004
	용인시꿈드림센터	031-328-9706
	의왕시꿈드림센터	031-459-1334
	의정부시꿈드림센터	031-872-1388
	이천시꿈드림센터	031-634-2777
	파주시꿈드림센터	031-946-1771
	평택시꿈드림센터	031-646-5480~4
	포천시꿈드림센터	031-538-3398
	하남시꿈드림센터	031-790-6431

경기도(시)	화성시꿈드림센터	031-278-0179
경기도(군)	가평군꿈드림센터	031-582-2000
	양평군꿈드림센터	031-775-1318
인천광역시꿈드림센터	인천광역시꿈드림센터	032-721-2330
인천광역시(구)	계양구꿈드림센터	032-547-0853
	남동구꿈드림센터	032-471-1318
	동구꿈드림센터	032-777-1383
	미추홀구꿈드림센터	032-868-9846
	부평구꿈드림센터	032-509-8919
	서구꿈드림센터	032-584-1387
	연수구꿈드림센터	032-822-9844
	중구꿈드림센터	032-765-1009
강원도꿈드림센터	강원도꿈드림센터	033-257-9805
강원도(시)	강릉시꿈드림센터	033-655-1388
	동해시꿈드림센터	033-535-1038
	삼척시꿈드림센터	033-575-5002
	속초시꿈드림센터	033-635-0924
	원주시꿈드림센터	033-813-1318
	춘천시꿈드림센터	033-818-1318
	태백시꿈드림센터	033-582-1389
강원도(군)	영월군꿈드림센터	033-375-1318
	정선군꿈드림센터	033-591-1314
	철원군꿈드림센터	033-450-5388
	홍천군꿈드림센터	033-432-1386
대전광역시꿈드림센터	대전광역시꿈드림센터	042-222-1388
대전광역시(구)	서구꿈드림센터	042-527-1388
	유성구꿈드림센터	042-826-1388
충청남도꿈드림센터	충청남도꿈드림센터	041-554-1380
충청남도(시)	공주시꿈드림센터	041-854-7942

충청남도(시)	논산시꿈드림센터	041-746-5953
	당진시꿈드림센터	041-357-2000
	보령시꿈드림센터	041-935-1388
	서산시꿈드림센터	041-669-9056
	아산시꿈드림센터	041-544-1388
	천안시꿈드림센터	041-415-1318
충청남도(군)	금산군꿈드림센터	041-751-1383
	부여군꿈드림센터	041-837-1898
	서천군꿈드림센터	041-953-4040
	예산군꿈드림센터	041-335-1388
	청양군꿈드림센터	041-942-1387
	태안군꿈드림센터	041-674-2800
	홍성군꿈드림센터	041-642-1388
충청북도꿈드림센터	충청북도꿈드림센터	043-257-0105~6
충청북도(시)	계룡시꿈드림센터	042-841-0393
	제천시꿈드림센터	043-642-7949
	청주시꿈드림센터	043-223-0753
	서청주꿈드림센터	043-297-1388
	충주시꿈드림센터	043-856-7804
충청북도(군)	괴산군꿈드림센터	043-830-3828
	단양군꿈드림센터	043-421-8370
	보은군꿈드림센터	043-542-1388
	영동군꿈드림센터	043-744-5700
	옥천군꿈드림센터	043-731-1388
	음성군꿈드림센터	043-872-9024
	증평군꿈드림센터	043-835-4193
	진천군꿈드림센터	043-536-3430
세종시꿈드림센터	세종시꿈드림센터	044-868-1318
부산광역시꿈드림센터	부산광역시꿈드림센터	051-304-1318

부산광역시(구)	금정구꿈드림센터	051-714-2079
	남구꿈드림센터	051-621-4831
	동구꿈드림센터	051-632-1388
	동래구꿈드림센터	051-558-8834
	부산진구꿈드림센터	051-868-0905
	북구꿈드림센터	051-334-3003
	사상구꿈드림센터	051-316-2214
	사하구꿈드림센터	051-207-7179
	서구꿈드림센터	051-714-0701
	수영구꿈드림센터	051-759-8422
	연제구꿈드림센터	051-507-7658,9
	영도구꿈드림센터	051-405-5224
	중구꿈드림센터	051-245-1388
	해운대구꿈드림센터	051-715-1378
부산광역시(군)	기장군꿈드림센터	053-431-1388
울산광역시꿈드림센터	울산광역시꿈드림센터	052-216-1305
울산광역시(구)	동구꿈드림센터	052-232-5900
	남구꿈드림센터	052-291-1388
	북구꿈드림센터	052-281-0924
	울주군꿈드림센터	052-229-9634~5
대구광역시꿈드림센터	대구광역시꿈드림센터	053-431-1388
대구광역시(구)	남구꿈드림센터	053-652-5656
	달서구꿈드림센터	053-592-1378
	달성군꿈드림센터	053-614-1389
	동구꿈드림센터	053-963-9400
	북구꿈드림센터	053-384-6985
	서구꿈드림센터	053-216-8310
	수성구꿈드림센터	053-666-4205
	중구꿈드림센터	053-422-2121

경상북도꿈드림센터	경상북도꿈드림센터	054-850-1003
경상북도(시)	경산시꿈드림센터	053-815-4105
	경주시꿈드림센터	054-742-1388
	구미시꿈드림센터	054-472-2000
	김천시꿈드림센터	054-431-2009
	문경시꿈드림센터	054-556-3000
	상주시꿈드림센터	054-537-6724
	안동시꿈드림센터	054-841-7937
	영주시꿈드림센터	054-634-1325
	영천시꿈드림센터	054-338-2000
	포항시꿈드림센터	054-240-9171
경상북도(군)	고령군꿈드림센터	054-956-1320
	봉화군꿈드림센터	054-673-1231
	울진군꿈드림센터	054-789-5436
	칠곡군꿈드림센터	054-971-0425
경상남도꿈드림센터	경상남도꿈드림센터	055-273-1380
경상남도(시)	거제시꿈드림센터	055-639-4989
	김해시꿈드림센터	055-330-4637
	밀양시꿈드림센터	055-352-0924
	사천시꿈드림센터	055-832-7942
	양산시꿈드림센터	055-367-1318
	진주시꿈드림센터	055-744-2000
	통영시꿈드림센터	055-644-2000
	창원시마산꿈드림센터	055-225-7293
	창원시진해꿈드림센터	055-225-3893~4
	창원시창원꿈드림센터	055-225-3907~8
경상남도(군)	거창군꿈드림센터	055-940-3969
	고성군꿈드림센터	055-670-2921
	남해군꿈드림센터	055-864-7962

경상남도(군)	산청군꿈드림센터	055−970−6594
	의령군꿈드림센터	055−573−1388
	창녕군꿈드림센터	055−533−4288
	하동군꿈드림센터	055−884−3001
	함안군꿈드림센터	055−583−0921
	함양군꿈드림센터	055−960−4972
	합천군꿈드림센터	055−930−3909
광주광역시꿈드림센터	광주광역시꿈드림센터	062−376−1324
광주광역시(구)	광산구꿈드림센터	062−951−1378
	남구꿈드림센터	062−716−1324
	동구꿈드림센터	062−673−1318
	북구꿈드림센터	062−268−1318
	서구꿈드림센터	062−710−1388
전라남도꿈드림센터	전라남도꿈드림센터	061−242−7474
전라남도(시)	광양시꿈드림센터	061−795−7953
	나주시꿈드림센터	061−335−1388
	목포시꿈드림센터	061−284−0924
	순천시꿈드림센터	061−749−4236
	여수시꿈드림센터	061−663−2000
전라남도(군)	강진군꿈드림센터	061−432−1388
전라남도(군)	곡성군꿈드림센터	061−363−9586
	구례군꿈드림신터	061−782−0881
	담양군꿈드림센터	061−381−0924
	무안군꿈드림센터	061−450−5527~8
	보성군꿈드림센터	061−853−1377
	신안군꿈드림센터	061−240−8702
	영광군꿈드림센터	061−353−6188
	영암군꿈드림센터	061−470−1004
	완도군꿈드림센터	061−555−2323

전라남도(군)	장성군꿈드림센터	061-393-1387
	장흥군꿈드림센터	061-863-1318
	진도군꿈드림센터	061-540-3156
	함평군꿈드림센터	061-323-9995
	해남군꿈드림센터	061-535-1315
	화순군꿈드림센터	061-375-7442
전라북도꿈드림센터	전라북도꿈드림센터	063-273-1388
전라북도(시)	군산시꿈드림센터	063-468-2870
	김제시꿈드림센터	063-545-0112
	남원시꿈드림센터	063-633-1977
	익산시꿈드림센터	063-853-1388
	전주시꿈드림센터	063-227-1005
	정읍시꿈드림센터	063-531-3000
전라북도(군)	무주군꿈드림센터	063-324-6688
	순창군꿈드림센터	063-652-1388
	완주군꿈드림센터	063-291-3303
제주특별자치도꿈드림센터	제주도꿈드림센터	064)759-9982~3
제주주특별자치도(시)	제주시꿈드림센터	064-725-7999
	서귀포시꿈드림센터	064-763-9191

3) 전국 청소년쉼터 및 회복지원시설

전국 청소년쉼터 전화번호		
지역별 구분	센터명	전화번호
서울특별시	강남구청소년쉼터	02-512-7942
	강서청소년쉼터	02-2697-7377
	서울시립강북청소년드림센터	02-6435-7979
	서울시립금천청소년단기쉼터	02-3281-8200
	서울시립금천청소년중장기쉼터	02-6959-1011
	서울시립드림일시청소년쉼터	02-2051-1371
	서울시립망우청소년단기쉼터	02-493-1388
	서울시립신림청소년단기쉼터	02-876-7942
	서울시립신림청소년중장기쉼터	02-3281-7942
	서울시립용산청소년일시쉼터	02-718-1318
	서울시립은평여자중장기청소년쉼터	02-6959-2401
	서울시립청소년이동쉼터 더작은별(동북권)	02-6239-2014
	서울시립청소년이동쉼터 여우별(서북권)	02-722-1318
	서울시립청소년이동쉼터 우리별(서남권)	02-722-1318
	서울시립청소년이동쉼터 작은별(동남권)	02-6239-2014
	어울림청소년쉼터	02-302-9006
	은평구립일시청소년쉼터	02-382-1388
경기도(고양시)	고양시여자중장기청소년쉼터	031-918-1366
	고양청소년쉼터(둥지)	031-969-0091
경기도(구리시)	구리시남자중장기청소년쉼터(민들레)	031-568-1318
	구리시여자단기청소년쉼터(보금자리)	031-564-7707
경기도(군포시)	군포시남자중장기청소년쉼터(하나로)	031-399-7997
경기도(김포시)	김포시이동형일시청소년쉼터	031-980-1065~9
경기도(남양주시)	남양주시일시청소년쉼터	031-591-1319

경기도(부천시)	부천시청소년일시쉼터	032-654-1318
	부천시모퉁이청소년쉼터	032-343-1880
경기도(성남시)	성남시남자단기청소년쉼터	031-722-6260
	성남시남자중장기청소년쉼터	031-752-9050
	성남시여자단기청소년쉼터	031-758-1213
	성남시여자중장기청소년쉼터	031-758-1720
	성남시청소년일시쉼터	031-758-1388
경기도(수원시)	수원남자단기청소년쉼터(달보듬터)	031-216-8353
	수원여자단기청소년쉼터	031-232-7982
경기도(시흥시)	시흥시남자청소년단기쉼터	031-314-9072
	시흥시여자단기청소년쉼터	031-434-1318
경기도(안산시)	안산시청소년남자쉼터(징검다리)	031-481-8232
경기도(안양시)	안양시남자단기청소년쉼터(FORYOU)	031-455-9182
	안양시여자중장기청소년쉼터(호숙)	031-468-5141
	안양시일시청소년쉼터(민들레뜨락)	031-464-1388
경기도(오산시)	오산시립여자단기청소년쉼터	031-374-1388
경기도(용인시)	용인푸른꿈남자단기청소년쉼터	031-276-0770
	용인푸른꿈여자중장기청소년쉼터	031-264-7733
경기도(의정부시)	의정부시남자단기청소년쉼터	031-829-1318
	의정부시여자단기청소년쉼터	031-837-1318
	의정부시이동형일시청소년쉼터	031-871-1318
경기도(이천시)	이천시여자단기청소년쉼터(나르샤)	031-631-7305
경기도(평택시)	평택시여자단기청소년쉼터	031-652-1319
경기도(화성시)	화성여자단기청소년쉼터	031-227-7935
인천광역시	인천광역시청소년여자쉼터(하모니)	032-468-1318
	인천광역시청소년일시쉼터(꿈꾸는별)	032-817-1318
	인천광역시청소년중장기쉼터(예꿈)	032-465-1393
	인천남자중장기청소년쉼터(별마루)	032-875-7718
	인천시남자단기청소년쉼터(바다의별)	032-438-1318

인천광역시	인천시남자단기청소년쉼터(우리들)	032-442-1388
	인천시여자단기청소년쉼터(하늘목장)	032-528-2216
	인천시일시청소년쉼터(한울타리)	032-516-1318
강원도	강원도남자중장기청소년쉼터 보금자리	033-244-5118
	강원도단기남자청소년쉼터	033-255-1002
	강원도단기여자청소년쉼터	033-255-1004
	강원도여자중장기청소년쉼터	033-256-7179
	강원도이동형일시청소년쉼터	033-255-1005
	강원도일시청소년쉼터	033-256-0924
강원도(강릉시)	강릉여자단기청소년쉼터	033-655-1424
강원도(원주시)	원주시일시청소년쉼터	033-742-0924
충청남도(공주시)	공주시여자중장기청소년쉼터	041-853-4486
	공주시중장기남자청소년쉼터	041-853-1337
충청남도(아산시)	아산남자단기청소년쉼터	041-548-1326
	아산여자단기청소년쉼터	041-534-1388
충청남도(천안시)	천안남자단기청소년쉼터	041-578-1389
	천안여자단기청소년쉼터	041-576-1316
충청남도(홍성군)	홍성남자단기청소년쉼터	041-634-656
	홍성여자단기청소년쉼터	041-631-6560
대전광역시	대전광역시청소년남자쉼터(단기)	042-223-7179
	대전광역시청소년드롭인센터 우리자리	042-673-1092
	대전광역시청소년여자쉼터(단기)	042-256-7942
	대전광역시청소년이동일시쉼터	042-221-1092
	대전시남자중장기청소년쉼터	042-528-7179
	대전여자중장기청소년쉼터	042-534-0179
충청북도	충청북도중장기청소년쉼터	043-266-2204
충청북도(청주시)	청주시이동형일시청소년쉼터(com-in)	043-225-1888
	청주남자단기청소년쉼터	043-231-2676
	청주시여자단기청소년쉼터(느티나무)	043-276-1318

충청북도(제천시)	제천여자단기청소년쉼터(봄)	043-643-7946
충청북도(충주시)	충주시여자중장기청소년쉼터	043-852-0924
	충주시남자단기청소년쉼터(친구)	043-911-3479
부산광역시	부산광역시일시청소년쉼터	051-303-9670
	부산광역시남자중장기청소년쉼터	051-303-9671
	부산광역시남자단기청소년쉼터	051-303-9672
	부산광역시이동청소년쉼터	051-303-9677
	부산광역시여자중장기청소년쉼터(영희네집)	051-581-1388
	부산광역시여자단기청소년쉼터	051-756-0924
울산광역시	울산광역시일시청소년쉼터	052-245-1388
	울산광역시남자단기청소년쉼터	052-261-1388
	울산남구여자중장기청소년쉼터	052-265-1388
	울산남구여자단기청소년쉼터	052-269-1388
울산광역시(을주군)	울산울주군남자중장기청소년쉼터	052-223-5186
대구광역시	대구광역시남자중장기청소년쉼터	053-426-2275
	대구광역시여자중장기청소년쉼터	053-426-2276
	달서구청소년쉼터	053-526-1317~8
	대구광역시여자단기청소년쉼터	053-659-6290
	대구광역시이동형 일시청소년쉼터	053-754-1388
	대구광역시일시청소년쉼터(고정형)	053-764-1388
경상북도	경상북도청소년남자쉼터(늘푸른쉼터)	054-455-1234
	경상북도청소년여자쉼터(희망의샘쉼자리)	054-857-6137
경상북도(포항시)	포항여자중장기청소년쉼터	054-244-1318
	포항남자중장기청소년쉼터	054-284-1318
경상북도(구미시)	구미시여자단기청소년쉼터	054-444-1388
경상남도	경상남도중장기청소년쉼터(남자)	055-274-0924
	경상남도일시청소년쉼터	055-285-7363
	경상남도여자중장기청소년쉼터(클라라의 집)	055-745-1316
경상남도(김해시)	김해YMCA여자단기청소년쉼터	055-332-1318

경상남도(창원시)	창원시남자단기청소년쉼터(하라)	055-237-1318
전라남도(목포시)	목포시단기남자청소년쉼터	061-278-1388
	목포시청소년중장기남자쉼터	061-287-1388
전라남도(여수시)	여수남자단기청소년쉼터	061-644-0918
	여수여자단기청소년쉼터	061-661-0924
광주광역시	광주광역시남자단기청소년쉼터	062-227-1388
	광주광역시중장기청소년쉼터(맥지쉼터)	062-366-1318
	광주광역시여자단기청소년쉼터	062-525-1318
	광주광역시청소년일시쉼터	062-527-1318
	광주광역시남자중장기청소년쉼터	062-714-1388
전라북도(전주시)	전주임마누엘남자중장기청소년쉼터	063-244-1774
	전주한울안남자단기청소년쉼터	063-251-3530
	전주푸른여자단기청소년쉼터	063-903-1091
전라북도(군산시)	군산꽃동산여자중장기청소년쉼터	063-451-1091
전라북도(익산시)	익산일시청소년쉼터(디딤돌)	063-857-1091
제주특별자치도	제주시이동형일시청소년쉼터	064-723-0179
	제주특별자치도고정형일시청소년쉼터	064-796-0922
제주특별자치도(서귀포시)	서귀포시여자중장기청소년쉼터	064-733-1376
	서귀포시남자단기청소년쉼터	064-739-9805
제주특별자치도(제주시)	제주시여자단기청소년쉼터	064-751-1388
	제주시남자중장기청소년쉼터	064-759-1388

전국 청소년자립지원관

지역별 구분	센터명	전화번호
서울특별시	서울시청소년자립지원관	02-6959-5012
	관악들꽃청소년자립지원관	02-851-1924
경기도	경기남부청소년자립지원관	031-360-1824
	경기북부청소년자립지원관	031-928-1316
	성남시청소년자립지원관	031-723-7942
인천광역시	인천광역시청소년자립지원관(행복자리)	032-467-1398
	인천광역시청소년자립지원관(별바라기)	032-875-1319
충청남도	천안청소년자립지원관	041-578-1380
대구광역시	대구청소년자립지원관	053-657-1924

4) 청소년 인터넷드림마을 및 청소년디딤센터

- 청소년 인터넷드림마을 (www.nyit.or.kr/user/index.asp)
  - 주소: 전라북도 무주군 안성면 장무로 1559-1
  - 연락처: 063)323-2646, 2282 (fax) 063)324-2293

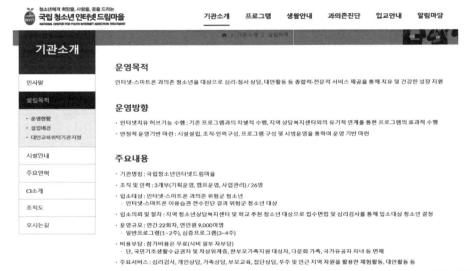

• 국립중앙청소년디딤센터

– 주소: 경기도 용인시 처인구 남사읍 각궁로 252-76 (www.nyhc.or.kr/IndexNServlet)

– 연락처: 031)333-1900 (fax) 031)333-7200

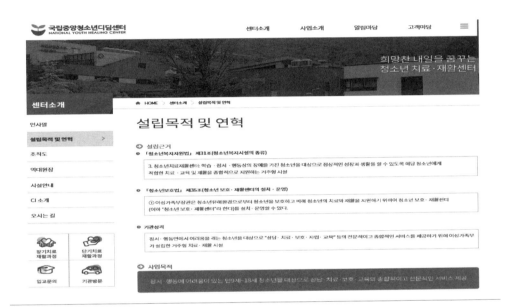

• 국립대구청소년디딤센터
  – 주소: 대구 달성군 구지면 국가산단남로 609
  – 연락처: 053)665–6900
    카카오톡: https://pf.kakao.com/_ZLDDs
    블로그: https://blog.naver.com/dgdd1388

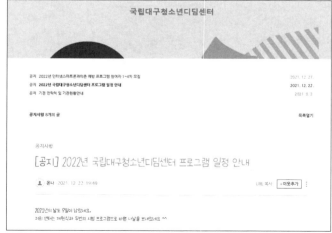

🗑 참고문헌

강수정, 유금란(2018). 상담자의 온라인 윤리: 내담자 정보 검색 및 활용과 상담자 자기개방. 한국심리학회지: 상담 및 심리치료, 30(3), 575-600.

강진령, 이종연, 유형근, 손현동(2009). 상담자 윤리. 서울: 학지사.

김계현(1997). 상담심리학. 서울: 학지사.

김도연, 조민기, 신희천(2020). 상담 및 심리치료에서 인공지능 기술의 활용: 국외사례를 중심으로. 한국심리학회지: 상담 및 심리치료, 32(2), 821-847.

김영애(2004). 상담실 활성화를 위한 사이버 상담의 효과 분석. 영남대학교 교육대학원 석사학위논문.

김옥진, 김형수, 김기민, 장성화(2011). 상담윤리 결정모델을 통한 상담자 윤리교육의 필요성. 교육실천연구, 10(1), 141-168.

김운삼, 구서연(2019). 한국 청소년 자살문제와 예방대책 연구. 산업진흥연구, 4(2), 39-52. 산업진흥연구원.

김유숙(2002). 사회구성주의 가족치료. 한국가족치료학회지, 10(1), 1-23.

김준범, 최서연(2020). 피해와 우울의 악순환: 학교폭력 피해가 우울의 종단적 매개로 재피해에 미치는 영향. 학교사회복지, 50, 1-24.

김준범, 홍성희, 홍현주(2019). 교육부의 학교 기반 자살예방정책에 대한 현장전문가의 요구 탐색 및 향후 방향성 모색. 교육문화연구, 25(5), 5-31.

김지근, 양현정, 이지원(2021). 음성 기반 심리상담 에이전트의 활용 가능성 탐색 연구. 한국콘텐츠학회, 21(7), 144-156.

김청송(2009). 청소년의 행복결정요인에 관한 연구. 한국심리학회지 건강, 14(3), 649-

665.

김태경(2021). 온라인을 활용한 글쓰기 상담지도 활성화 방안 연구. 인문과학, 82(0), 113-142. 성균관대학교 인문학연구원.

김태한(2012). 온라인 양육 상담 참여자의 경험에 관한 현상학적 연구: 성공적인 온라인 상담 사례의 참여자 면접을 중심으로. 놀이치료연구, 16(3), 99-116.

김하영(2014). 전문상담교사의 윤리적 갈등 상황에 대한 대처행동과 윤리적 가치관, 상담자활동 자기효능감의 관계. 한국교원대학교 교육대학원 석사학위논문.

김현진, 김민(2017). 청소년상담사와 소셜네트워크 서비스: 전문가 윤리에 대한 논의. 청소년상담연구, 25(2), 163-183.

김형수(2019). 청소년의 자살 위기 경로 및 위험요인의 영향. 상담학연구, 20(5), 273-288.

박찬훈(2021). 상담 윤리 자기효능감 척도의 타당성 탐색. 서울대학교 대학원 석사학위논문.

변미희(2002). 아동, 청소년상담 효과에 대한 메타분석. 청소년복지연구, 4(2), 51-65.

보건복지부, 한국사회보장정보원(2021). 복지서비스 상세(중앙), 복지로, https://www.bokjiro.go.kr/ssis-teu/twataa/wlfareInfo/moveTWAT52011M.do?wlfareInfoId=WLF00003169&wlfareInfoReldBztpCd=01. (2022.01.05. 인출)

서영석, 최영희, 이소연(2009). 상담에서의 윤리적 의사결정모델 개관. 한국심리학회지: 상담 및 심리치료, 21(4). 815-842.

서울시자살예방센터(2011). 자살위기개입 핸드북.

서영석, 최영희, 이소연(2009). 상담에서의 윤리적 의사결정모델 개관. 한국심리학회: 상담 및 심리치료, 21(4). 815-842.

심혜숙, 이현진(2003). 사이버 상담에서 상담자의 경력에 따른 자기 대화 및 가설형성 차이 분석. 한국심리학회지: 상담 및 심리치료, 15(1), 1-16.

아동권리보장원(2021). 아동학대 > 신고. http://korea1391.go.kr/new/page/abs_report.php.(2022.01.05. 인출.)

양미진, 유준호, 박성륜(2016). 채팅상담 중심의 사이버상담 모형 개발. 청소년상담연구, 24(1). 291-309.

여성가족부(2015). 청소년 온라인 상담 매뉴얼.

여성가족부(2018). 2018년 청소년사업 안내.

여성가족부(2020). 2020 청소년백서.

오혜영, 지승희, 허지은(2010). 청소년내담자와 상담자의 채팅상담 경험에 대한 인식. 상담학연구, 11(4), 1433-1450.

육혜련(2017). 가출청소년의 성매매 피해경험에 대한 연구. 청소년복지연구, 19(1), 109-136.

이길구(2019). 교류분석의 재결정을 적용한 자살경험을 겪고 있는 성폭력 가해청소년의 자아존중감 및 자살위험. 인문사회21, 10(5), 1479-1489.

이동훈, 김주연, 김진주(2015). 온라인 심리치료의 가능성과 한계에 대한 탐색적 연구. 한국심리학회지: 상담 및 심리치료, 27(3), 543-582.

이상윤(2021.5.3.). 청소년사이버상담센터 1분기 온라인상담 경향분석-5월 청소년의 달, 청소년의 마음을 읽어주세요!. 부산일보.

이성원(2001). 사이버 상담과정에서 나타난 상담자의 언어반응과 내담자의 체험수준. 한양대학교 대학원 석사학위논문.

이소연, 최바울, 이정선, 서영석(2014). 수퍼바이저가 경험한 상담수련생의 전문적 역량의 문제. 한국심리학회지: 상담 및 심리치료, 26(2), 245-272.

이아라, 김효창, 차민철, 지용구(2019). 상담 이론 기반의 심리상담 챗봇을 활용한 내담자 경험 연구. 대한인간공학회지, 38(3), 161-175.

이영선, 박정민, 최한나(2001). 사이버상담의 기법과 윤리. 서울: 한국청소년상담원.

이유빈, 문참빌(2019). 가출청소년이 범죄행동을 하게 되는 원인 생애사 연구를 중심으로. 어린이재단 연구논문 모음집, 1-34. 한국어린이재단.

이자영(2000). 사이버상담에서 상담자의 언어반응이 초기상담협력관계에 미치는 영향. 한양대학교 대학원 석사학위논문.

임은미(2006). 사이버상담 이론과 실제. 서울: 학지사.

임은미, 김지은(1999). 청소년 사이버상담의 발전 모형. 청소년상담연구, 75. 한국청소년상담원.

임은미, 김지은, 박승민(1998). 청소년 사이버상담의 실제와 발전방안. 청소년상담연구, 6. 115-132.

장영우, 김희정(2019). 가출청소년을 위한 해결중심 단기 개인상담 사례연구. 상담학

연구: 사례 및 실제. 4(1), 47-83.

장현아, 안창일(2003). 사회공포증의 사이버 집단상담 효과. 한국심리학회지: 임상, 22(1), 93-108.

정문자, 송성자, 이영분, 김유순, 김은영(2008). 해결중심단기치료. 서울: 학지사

정현숙, 유미숙(2010). 사이버 아동상담의 주호소 문제와 상담전략. 놀이치료연구, 13(2), 1-15.

조명실(2012). 한국의 현실치료 연구 동향. 현실치료연구, 1(1), 17-30

조영신(1998). '공적영역'으로서의 PC통신 '토론방'에 관한 연구. 연세대학교 대학원 석사학위논문.

지승희, 오혜영, 김경민(2010). 단회 채팅상담의 상담자 언어반응분석: 자살위기청소년 사례를 중심으로. 청소년상담연구, 18(2), 167-186.

지승희, 오혜영, 김경민(2010). 단회 채팅상담의 상담자 언어반응분석: 자살위기청소년 사례를 중심으로. 청소년상담연구, 18(2), 167-186.

지승희, 허지은, 오혜영(2010). 청소년내담자와 상담자의 채팅상담 경험에 대한 인식. 상담학연구, 11(4), 1433-1450.

최순화(2010). 현실치료 집단상담 프로그램이 중학생들의 자아존중감과 자기효능감 향상 효과에 관한 연구. 대구가톨릭대학교 대학원 박사학위논문.

최해림(2002). 한국 상담자의 상담윤리에 대한 기초 연구. 한국심리학회지: 상담 및 심리치료, 14(4), 805-828.

하정미(2011). 상담가의 자살 예방 사이버상담 경험에 관한 연구. 부산대학교 대학원 박사학위논문.

한국성폭력상담소(2014). 성폭력피해자 법률지원 안내서.

한국청소년상담복지개발원(2017). 청소년 폭력 상담사례 윤리적 · 법적 대응 매뉴얼.

한국청소년상담복지개발원(2018). 청소년 개인상담: 3급 청소년상담사 자격연수 교재.

한국청소년상담복지개발원(2021). 청소년사이버상담센터 사이버상담 매뉴얼. http://cyberm.cyber1388.kr/admin/knowledgeInformation/step2_1/view.asp?txtGroup=21&txtMenuCode=3.

한국청소년상담복지개발원(2021). 청소년상담사 윤리강령. https://www.youthcounselor.or.kr:446/new/sub01_6.html. (2021. 7. 인출)

허정훈, 김은지(2013). 테니스 선수 사이버 상담 사례: 그 시작과 발전 가능성. 코칭능
　　력개발지, 15(2), 23-32.

황순길, 박재연, 이혜정(2016). 청소년 자살예방교육 모형 개발. 청소년상담연구, 24(1),
　　12-18.

Ahia, C. E. (2003). *Legal and ethical dictionary for mental health professionals*.
　　Lanham, Md: University Press of America.

American Counseling Association (2014). *ACA 2014 code of ethics*. Alexandria, VA:
　　Author.

Anderson, J. R. (1993). Problem solving and learning. *American Psychologist, 48*(1),
　　35-44.

Baumeister, R. F. (1990). Suicide as Escape from Self. *Psychological Review, 97*(1), 90-
　　113.

Berg, I. K. (1994). *Family based services: A solution-focused approach*. New York:
　　W.W. Norton & Company.

Berg, I. K., & Miller, S. D. (1992). *Working with the problem drinker: A solution-
　　focused approach*. New York: W.W. Norton & Company.

Berg, I. K., & Steiner, T. (2003). Children's solution work. New York: W.W. Norton
　　& Company. 아동과 청소년을 위한 해결중심상담(2009). 유재성, 장은진 역. 서울:
　　학지사.

Bloom, B. L. (1981). Focused single session therapy: Initial development and
　　evaluation. In S. L., Budman (Ed.), *Forms of brief therapy* (pp.167-218). New
　　York: Guilford.

Childress, C. A. (2000). Ethical issues in providing online psychotherapeutic
　　interventios. *Journal of Medical Internet Research, 2*(1).

De Shazer, S. (1985). *Keys to solution in brief therapy*. New York: W.W. Norton &
　　Company.

Eron, J., & Lund, T. (1996). *Narrative Solution in Brief Therapy*. New York: Guilford
　　Press.

Fenichel, M. A. (2004). Online Behavior, Communication, and Experience. In Ron Kraus, Jason Zack, and George Stricker (Eds.), *Online Counseling: A Handbook for Mental Health Professionals* (pp.3-18). San Diego: Elsevier Academic Press, Inc.

Glaser, K. (1981). Psychopathologic patterns in depressed adolescents. *American Journal of Psychotherapy, 35*, 368-382.

Glasser, W. (2010). *Every student can succeed.* Los Angeles : William Glasser. (Original work published 2000).

Havighust, R. J. (1972). *Developmental tasks and education* (5th ed.). New York: McKay.

Herr, E. L., & Best, P. L. (1984). Computer technology and counseling: The role of the profession. *Journal of Counseling and Development, 63*, 192-195.

Hill, C. E., Greenwald, C., Reed, K. G., Charles, D., O'farrrell, M. K., & Carter, J. A. (1981). *Manual for counselor and client verbal response category systems.* Columbus, Oh : Marathon Consultant Press.

Hill, C. E. (1978). Development of a Counselor Verbal Response Category System. *Journal of Counseling Psychology, 25*(5), 461-468

Jellinek, G. (1908). *Die sozialethische Bedeutung von Recht, Unrecht und Strafe* (2nd Ed.). Berlin: O. Haring.

Jones, G., & Stokes, A.(2009). *Online Counseling: A Handbook for Practitioners.* New York: Palgrave Macmillan.

Knaevelsrud, C., & Maercker, A. (2010). Long-term effects of an Internet-based Treatment for Posttraumatic Stress. *Cognitive Behaviour Therapy, 39*(1), 72-77.

Kolata, G. (2000). Web research transforms visit to the doctor. *New York Times,* 6.

Litz, B. T., Engel, C. C., Bryant, R. A., & Papa, A. (2007). A randomized, controlled proof-of-concept trial of an Internet-based, Therapist-assisted self-management treatment for posttraumatic stress disorder. *American Journal of Psychiatry, 164*, 1676-1684.

Mohr, D. C., Siddique, J., Ho, J., Duffecy, J., Jin, L., & Fokuo, J. K. (2010). Interest in Behavioral and Psychological Treatments Delvered Face-to-Face, by Telephone, and by Internet. *Annals of Behavioral Medicine, 40*, 89-98.

NSW Health (2004). *Suicide risk assessment and management: emergency departmen.* (출판지: 출판사명)

Orlinsky, D. E., Grawe, K., & Parks, B. K. (1994). Process and outcome in psychotherapy: Noch einmal. In A. E. Bergin & S. L. Garfield (Eds.), *Handbook of psychotherapy and behavior change* (pp. 270-376). 출판지: John Wiley & Sons.

Ritterband, L, M., Gonder-Frederick, L, A., Cox, D, J., Clifton, A, D., West, R, W., & Borowitz, S, M. (2003). Internet Interventions: In Review, In Use, and Into the Future. *Professional Psychology: Research and Practice, 34*(5), 527-534.

Simpson, S. (2009). Psychotherapy via Videoconferencing: A Review. *British Journal of Guidance and Counselling, 37*, 271-286.

Sperry, L., & Sperry, J. (2012). *Case Conceptualization: Mastering this Competency with Ease and Confidence.* 이명우 역(2016). 상담실무자를 위한 사례개념화: 이해와 실제. 서울: 학지사.

Talmon, M. (1990). *Single-session therapy: maximizing the effect of the first (and often only) therapeutic encounter.* 박중규 역(2011). 단일회기 치료: 첫 번째(흔히 유일한) 치료 만남의 효과를 극대화시키기. 서울: 학지사.

Taylor, S., Thordarson, D. S., Spring, T., Yeh, A. H., Corcoran, K, M., Eugsster, K., & Tisshaw, C. T. (2003). Telephone-Administered Cognitive Behavior Therapy for Obsessive- Compulsive Disorder. *Cognitive Behaviour Therapy, 32*, 14-25.

WHO.(2013. 1. 6). Draft comprehensive mental health action plan. 2013-2020. https://www.who.int/publications/i/item/9789241506021(2021.11.22. 인출.)

Wubbolding, R. E. (1988). *Using reality therapy.* 출판지: Harper & Row Publishers.

Yuen, E. K., Goetter, E. M., Herbert, J. D., & Forman, E. M. (2012). Challenges and Opportunities in Internet-Mediated Telemental Health. *Professional Psychology: Research and Practice, 43*(1), 1-8.

Yuen, E. K., Herbert, J. D., Forman, E. M., Goetter, E. M., Juarascio, A. S., Rabin,

S. J., McGrath, K. B., Goodwin, C. L., Park, J. A., & Bouchard, S. (2010). *Using Skype videoconferencing and Secoun Life virtual environments to delver acceptance-based behavior therapy for social anxiety disorder.* In J. Herbert(Chair), New developments in remote and internet-based treatment. Symposium presented at the 44th annual convention of the Association for Behavioral and Cognitive Therapies, San Francisco, CA.

찾아보기

인명

강수정 180

구서연 132

김경민 60

김계현 178

김계현 29, 42

김운삼 132

김주연 45

김지근 44

김지은 45

김진주 45

김태경 40

김하영 187

박경석 29

박찬훈 192

서영석 179

신희천 42

안창일 36

양미진 36

양현정 44

오정용 178

오혜영 60

유금란 180

이동훈 45

이자영 58

이지원 44

임은미 45

장현아 36

조민기 42

지승희 58, 60

최해림 178

Ahia, C. E. 188

Baumeister, R. F. 131
Berg, I. K. 24

Fencichel, M. A. 32

Glasser, K. 33
Glasser, W. 32

Hill, C. E. 56

Jellinek, G. 178

Knaevelsrud, C. 45

Maercker, A. 45
Miller, S. D. 24
Mohr, D. C. 15

Rogers, C. R. 29

Wubbolding, R. E. 34

내용

1:1 실시간 상담 47

COVID-19 13

ICT기술 13

PTSD 16

SNS 46, 50

VR 기반 44

WDEP 34

ㄱ

가상세계 52
가상의 공간 178
가상현실 VR 47
가정폭력 19, 147, 174, 175
가정폭력 피해 153
가정폭력범죄의 처벌 등에 관한 특례법
 164
가족문제 3
가족치료 21
가족치료연구모임 22
가출 120, 174
가출위기 122
가치관 179

간접상담 서비스　17
간접성　38
갈등　187
감정적 정화　87
개인적 요인　120
개인정보　124
개인정보 검색　179
개인정보 보호　181
개인정보 파악　124, 136, 151
개인정보보호위원회　183
게시판 및 메일 상담　95
게시판 및 메일 상담의 8단계 과정　97
게시판상담　3, 16, 49
게임중독　3
격려와 지지 표현　101
격려하기　94
결론　106
결정　188
계획하기 단계　35
고객형　24
고립　132
고민해결백과　17
고소　151
고위기　148
공감　19, 100
공공서비스　17
관계 형성 및 구조화　77
관계형성　122
관련 기관의 도움　123

관찰과제　24
교육적인 측면　91
교제　166
구조　120
구조화　26
구체적인 대안행동 제안　90
기관 정보 제공　174
기능적 폐해　178
기록 보관 연한　187
기적질문　23
긴급개입 Q&A　125
긴급구조　112, 120, 137, 138
긴급구조 위기문제　174
긴급도움　119
꼬리말　107
끝인사　106

ㄴ

내담자 정보　182
내담자 파악 단계　79
내담자의 관계형성　76
내담자의 글　95
내담자의 반응　82
내담자의 위기상황　133
내담자중심치료　29
내용 파악　80
닉네임　79

ㄷ

다회기상담 27

단기 쉼터 126

단기가족치료센터 21

단기상담 34

단회기상담 27

답변 발송 107

답변 작성의 한계 99

대면상담 14, 40

대안 103

대안목록 90

대안행동 90

대응 방안 189

대인관계 3

대처 189

대처전략 탐색 103

대처질문 23

대화형 에이전트 42, 43

도입 단계 76

동성애 19

동의 186

디지털성범죄 148

딜레마 178

따라가기 83

ㄹ

랜덤채팅 108

로블록스 52

ㅁ

마무리 92

매개체 39

메신저 50, 111

메신저 상담의 기본 구조 112

메타버스 52

메타버스 플랫폼 52

명료화 83

모바일 37

모바일 기반 TESS 43

목표설정 단계 23

몽정 165

무조건적인 긍정적 존중 30

문자 48

문자 대화 40

문자 중심의 상호작용 도구 56

문자상담 48

문제해결 조력 29

문제해결 호소형 29

물질장애 134

미디어리터러시 교육 179

ㅂ

바꾸어 말하기 83

반영 19

방침 182

범죄에 대한 고백 19

법 178

법령정보 162

법률 181

법률적 내용 188

변화 179

변화에 대한 질문 23

보관 원칙 187

보호 및 치료 145

보호자원 134, 151

보호자원 연계 123, 167

보호체계 166

보호체계가 마련 168

복구 불가능성 186

부드러운 격려 106

부모 개입 169

부적응 상태 31

분실 가능성 187

불안 3, 16

불안감 167

불특정 다수 114

불평형 24

비개인정보 179

비대면 글쓰기 상담 40

비대면상담 14

비밀 누설의 금지 185

비밀보장 178

비밀보장의 의무 136

비밀보장의 한계 181

비언어적 단서 47

비용 47

비지시적 상담 29

ㅅ

사례개념화 63

사실 확인 188

사이버 CBT프로그램 47

사이버 인지행동치료 47

사이버상담 5, 14

사이버상담 개입 전략 120

사이버상담 사례보고서 64

사이버상담 유형 46, 73

사이버상담 환경 38

사이버상담의 경향성 39

사이버상담의 목적 18

사이버상담자 193

사이버아웃리치 16, 46, 50, 109

사이버아웃리치 상담 50

사이버아웃리치 활동 110

사이버폭력 147, 148, 174, 175

사전고지 186

사회공포증 16

사회관계망서비스 109

사회구성주의 22, 23

사회적 요인 121

사후관리 152

사후관리 개입 168

삭제 186

산업안전보건법 193

상담 답변 95

상담 종료 124, 137, 152, 168

상담관계형성 23

상담기록 182

상담기록 관리 181

상담기록물 저장 연한 186

상담답변 49

상담목표 83

상담목표 설정 단계 82

상담시간 구조화 상황 93

상담자 보호조치 193, 194

상담자 정보 개방성 181

상담자의 답장 49

상담자의 소진 194

상담자의 온라인 윤리 179

상담전문가 178

상담정보 공유 요청 181

상담지도 40

상담진행 19

상담환경 38

생존 33

선택이론 33

섭식장애 16

성관계 166

성교육 166

성매매 121

성범죄 피해 내담자 154

성폭력 3, 121, 147, 163, 174, 175

소속 33

수집 182

수집정보 152

쉼터의 종류 123

스마트폰 화상상담 46

스트레스 14, 16

신고방법 153

신고의 의무 150

신고의무자 185

실제적 자아 31

실행계획 103

심리상담 에이전트 44

ㅇ

아동성폭력 피해자 153

아동보호전문기관 91

아동성폭력 상담개입 방법 153

아동학대 신고 152

아웃리치 50

양가적인 태도 133

언어게임 26

언어반응 유목체계 56

연계 174

연계 기관 91

연계 기관의 비협조적 태도 181

연계 신청 92

예외상황 22

예외질문 23

온라인 심리치료 16, 47

온라인 자기개방 179

온라인 캠페인 52, 114

온라인 환경 52

요약반응 93

욕구탐색 단계　34

우울　3, 16

웹 심리검사　17, 105

웹기반 심리치료 MOST　42

웹툰　52

위급　120

위기 수준에 따른 개입 순서도　127, 141,
　155, 171

위기개입　82

위기관리　181

위기문제　120

위기수준 파악　81

위기수준 평가　121

위기수준별 개입방향　148

위기청소년　81

위험한 상황　136

위협과 협박　194

유기체　31

유출　187

유형별 쉼터　126

윤리강령　185

윤리성　178

윤리적 가치　182

윤리적 기준　189

윤리적 딜레마　187

윤리적 문제　179, 188

윤리적 상황　178

윤리적 원칙　187

윤리적 의사결정　188

윤리적 의식　179

윤리적 이슈　178

윤리적 쟁점　181

윤리적 직무　182

음성 기반 대화형 상담　41

의사소통　40

의식세계　32

이론적 의사결정 모델　189

이메일상담　49

이상적 자아　31

이용약관　182

이전 대처 탐색　87

이중관계　181

이해 당사자　188

익명성　38, 119

인간중심상담　29

인공지능　38

인본주의 심리학　29

인사　76

인적사항　81

인터넷　45

인터넷망　50

일시 쉼터　126

일치성　30

임상적 판단　63

임신　19, 121, 165, 174, 175

임신 상담 개입 시 상담 요령　169

임신의 위험　166

입양 정보　167

ㅈ

자극-반응 이론 33
자기조력적 상담 47
자기조절감 25
자기효능감 191
자동 저장 186
자발성 19
자살 3, 131, 174
자살계획 133
자살사고 134
자살상담 139
자살시도 133
자살위기 사례 긴급개입 138
자아 31
자아정체감 31
자아존중감 25
자유 33
자해 3
잠재된 폭력 149
장애요인 133
재발상황 189
재질문 85
재초대 125
저작권법 182
저장 연한 186
전문기관 연계 150
전화상담 14
절충적 29
접근 권한 187

접근성 45, 119
접수면접 25, 28
정보 공개 185
정보 관리 181
정보 및 조언 요구형 29
정보 및 조언 제공 29, 102
정보 제공 112
정보검색 181
정보통신기술 37
정서적 지지 및 안정화 122, 134, 150, 167
정신건강 문제 133
정신건강복지센터 91
정신건강실행계획 132
정신분석 29
정신상태 위험성 134
제3자 제공 184
조언 90
주관적 현실세계 30
주호소문제 28
죽음의 의도와 동기 131
중·저위기 148
중장기 쉼터 126
즉시성 84
즐거움 33
지원방향 137
지지적 반응 19
지지제공 29
지지호소형 29
직면 35, 84

질문 35

질병 185

ㅊ

채팅상담 3, 16, 47, 74

채팅상담 과정 74

채팅상담 답변 78

채팅상담 모형 단계 74

채팅상담 상담 모형 74

채팅상담 운영기관 79

채팅상담 환경 77

채팅상담실 이용시간 77

챗봇 42

처벌 181

척도질문 23

첫인사 97

첫인상 77

청소년 사이버상담 46

청소년 성폭력 피해 147

청소년 위기문제 174, 188

청소년기 자살의 특징 132

청소년사이버상담센터 5, 17, 45

청소년상담 14

청소년상담1388 119

청소년상담복지센터 91

청소년상담복지센터 연계 167

청소년상담사 185

청소년의 가출 121

청소년의 임신 165

추가 정보 제공 91, 105

출산 167

치료의 접근성 45

ㅋ

카드뉴스 52

커뮤니티 51

컴퓨터 37

콘텐츠 사용 186

키워드 검색 51, 110

ㅌ

탐색질문 99, 121

통신 언어 40

통신요금 49

통신환경 47

특수문자 40

ㅍ

판단 178

편지상담 49

평가하기 단계 35

포스터모더니즘 22

폭력 147

폭력 피해자 150

피임방법 166

피해 150

피해자 지원방법 148

ㅎ

학교폭력 3, 147, 174, 175

학교폭력 피해 148

학업 및 진로 3

학업중단 3

한계 181, 185

한국인터넷진흥원 183

한국지능정보사회진흥원 183

한국청소년상담복지개발원 17

해결중심상담 21

해석 84

해시태그 110

해킹 186

핵심문제 83

행동 평가 및 계획 단계 87

행동과제 24

행동주의 29

행동체계 33

허락 186

현대 상담실무 63

현실적인 자기 31

현실지각 32

현실치료 32

현재 행동파악 단계 34

협력의무 130

협조적인 관계 22

호소문제 79

호소문제 명료화 82, 98

호소문제 확인 121

호소문제 확인 및 위기수준 평가 132,
    148, 166

호소문제를 구체화 84

홍보활동 51, 114

화상상담 46

회기 요약 및 평가 92

회원가입 79

효과적인 상담 186

효율성 45

휴대용 기기 46

힘 33

저자 소개

양미진(Yang Mijin)

숙명여자대학교 교육학 박사(상담심리 및 교육심리 전공)

현 한국청소년상담복지개발원 본부장(청소년사이버상담센터 센터장)

〈주요 저서〉

청소년상담: 이론과 실제(2판, 공저, 학지사, 2020)

진로심리검사 도구 개발(공저, 교육부, 2019)

우리 아이 건강한 미디어 사용 가이드(공저, 방송통신심의위원회, 2018)

은둔형부적응청소년 상담 가이드북(공저, 한국청소년상담원, 2006)

청소년또래상담(공저, 한국청소년상담원, 2004)

조은희(Cho Eun-Hi)

경성대학교 교육학 박사(상담심리 및 교육심리 전공)

현 한국청소년상담복지개발원 청소년사이버상담센터 부장

권지영(Kwon Jiyoung)

인제대학교 사회복지학 석사

현 한국청소년상담복지개발원 청소년사이버상담센터 모바일상담운영사업 팀장

정진영(Jung Jin-Young)
부산대학교 교육학 박사 수료
현 한국청소년상담복지개발원 주임상담원

홍혜옥(Hong Hyeock)
대구가톨릭대학교 가족학 석사
전 부산시청소년상담복지센터 상담원
현 한국청소년상담복지개발원 청소년사이버상담센터 사이버상담운영사업 팀장

한지예(Han Jiye)
인제대학교 상담심리치료학 석사
현 한국청소년상담복지개발원 청소년사이버상담센터 주임상담원

이래현(Lee Ryehyun)
인제대학교 상담심리치료학 석사
현 한국청소년상담복지개발원 청소년사이버상담센터 주임상담원

온택트 시대
청소년 사이버상담의 이해와 실제
Understanding Adolescent Cyber Counseling and
Practice of Ontact Period

2022년 5월 10일 1판 1쇄 인쇄
2022년 5월 15일 1판 1쇄 발행

지은이 • 양미진 · 조은희 · 권지영 · 정진영 · 홍혜옥 · 한지예 · 이래현
펴낸이 • 김진환
펴낸곳 • ㈜ 학지사

　　　　　04031 서울특별시 마포구 양화로 15길 20 마인드월드빌딩
대표전화 • 02-330-5114　　팩스 • 02-324-2345
등록번호 • 제313-2006-000265호

홈페이지 • http://www.hakjisa.co.kr
페이스북 • https://www.facebook.com/hakjisabook

ISBN 978-89-997-2680-4　93180

정가 16,000원

출판 · 교육 · 미디어기업 학지사

간호보건의학출판 **학지사메디컬** www.hakjisamd.co.kr
심리검사연구소 **인싸이트** www.inpsyt.co.kr
학술논문서비스 **뉴논문** www.newnonmun.com
교육연수원 **카운피아** www.counpia.com